Heinrich Wiesner

Der längste Karfreitag

Geschichten vom Lande

Lenos Verlag

Für Margret Mellert

Satz und Gestaltung: Lenos Verlag, Basel
Umschlag: Anne Hoffmann Graphic Design, Basel
(unter Verwendung eines Fotos von Camilla Schuler)
Printed in Germany
ISBN 3 85787 247 0

Inhaltsverzeichnis

MS

Bertel, das ist uns klar, gehört selbstverständlich zu uns. Und wenn wir das vergessen wollen, ruft sie sich mit ihrem Husten in Erinnerung. Mühelos dringt er vom oberen Stock durch die Decke und lässt in uns Bertel entstehen, täglich, tagtäglich: Bertel lesend im hölzernen Lehnstuhl mit zufriedenem, wenn nicht gar schelmischem Lächeln im Gesicht.

Ruft sie nach uns, blickt Vater ernst, schüttelt abwehrend den Kopf, wie um es nicht wahrhaben zu wollen: „Sie hustet wieder", und meint damit mehr als ihren Husten. Er beklagt ihre Lage, ihr Leiden, ihre rätselhafte Krankheit. Bertel sitzt, ohne dass wir nach ihr zu sehen brauchen, im Stuhl mit der senkrechten Lehne, das Buch auf der Lesestütze, die man jetzt angebracht hat. „Bertel liest eben gern", höre ich Käthi sagen.

Ich gehe oben aus und ein. Betrete ich die Stube, lässt Bertel sich die Krankheit nicht anmerken, sondern hält mir ihre Freude entgegen und ist in ihrem Glück. Ich gebe ihr nie die Hand zum Gruss; wir wohnen im selben Haus, das uns eint, uns aber dennoch zwei Familien sein lässt.

„Bertel", erklärt Käthi, „braucht nie in die Alpen zu fahren. Sie hat ihre Ansichtskarten von den Schneebergen, und wenn sie abends in die rötlichen Wolkentür-

7

me schaut, kann sie sich die Schneeberge mit Leichtigkeit ausmalen." Das auf dem Kasten aufgebaute Bergdorf aus den Maga-Ausschneidebogen ist ihr genug. Bergkristalle, Granitstücke und Moos bilden die Steingärtchen.

An Wintersonntagnachmittagen bin ich in der oberen Stube und spiele mit Alfred, Käthi und Emmeli „Halma" oder „Eile mit Weile". Bertel sitzt uns im Rücken und hält unserer Lebhaftigkeit ihre Ruhe entgegen, und wie immer trägt sie die dunkelblaue Wolljacke, von ihrer Mutter auf der Strickmaschine gestrickt. Wir spielen und spielen bis zum Nachtessen. Und immer sind die langen Nachmittage viel zu kurz, und am Abend haben wir heisse Köpfe.

An schönen Frühlingstagen kommt Bertel manchmal herunter vors Haus. Ihre kraftlosen Arme um Käthis und Alfreds Schultern gelegt, lässt sie sich von ihnen sorgfältig Stufe um Stufe heruntertragen, als wäre sie aus Glas. Übergross wirkt sie von unten, übergross wirken die vor Anstrengung weit aufgerissenen Augen. Der Stuhl wird ihr von der Mutter nachgetragen. Erschöpft sitzt sie dann neben dem Kellerhals, schaut in die grosse Linde mit den jungen Blättern und hört dem Kreischen der Jungstare zu. Sie trägt die Freude im Gesicht wie zu einem Fest. Wir stehen da, und ich höre Käthi sagen: „An einem solchen Frühlingstag *muss* sie ja wieder gesund werden!" Bertels

Gesicht blüht dankbar auf und gibt uns die Überzeugung, sie glaube an ihre Genesung, was uns wiederum hilft, ein wenig an ihre Genesung zu glauben.

„Natürlich", sagt Bertel, „da *muss* ich gesund werden."

Ihr Husten ist hilfloser geworden, und Bertel hat mehr und mehr Mühe, den in den Bronchien sitzenden Schleim loszuwerden. Es stört uns nicht, wenn sie den Schleim in die Blechbüchse neben sich auf dem Sims speit und nachher sorgfältig ein Stück Sperrholz darüber legt. Es ekelt uns nicht vor dem Schleim, bedeutet doch jeder Auswurf Erleichterung fürs Atmen, und jedesmal glauben wir eine Weile, die Bronchien seien nun für immer frei. Und atmen auf.

Es macht uns immer mehr zu schaffen, wenn wir ihr kraftlos gewordenes Husten, das noch immer durch die Decke dringt, vernehmen und das Fortschreiten der geheimnisvollen Krankheit registrieren müssen, eine Krankheit, die durch einen Sturz auf der Treppe ausgelöst worden sei. Wir glauben das so wenig wie im Fall meiner Cousine Hulda, die ebenfalls die Treppe hinuntergefallen sein soll und an derselben Krankheit leidet.

Eine Maschine ist jetzt im Handel, die man für teures Geld angeschafft hat, um Bertels Krankheit zu besiegen. „Alles für die Katz!" sagt Vater zornig. Sein Zorn gilt nicht der Anschaffung, sondern dem Bauernfänger, der ihnen die Maschine angedreht hat.

Dann kommt jener Frühling, wo man Bertel nicht mehr herunterträgt, um sie auf den hölzernen Stuhl zu setzen, damit sie sich vom föhnblauen Himmel noch einmal ihr Gesundwerden bescheinigen lassen kann. Sie vermag sich nicht mehr im Stuhl zu halten. Sie liegt im Bett und hat kaum mehr die Kraft zum Husten; wir hören ihn nur noch wie von fern. Ihre Krankheit ist so weit fortgeschritten, dass ich es, gehe ich nach oben, nicht wage, nach Bertel zu schauen, es sei denn, man fordere mich dazu auf. Dem Kopf ist ein Kissen unterlegt, und auf dem Kissen vor ihr auf der Brust ist ein Buch eingebettet, worin sie manchmal noch liest.

Wir nehmen alle an Bertels Leiden teil; es hält uns zusammen wie das Haus. Im kleinen Stall neben unserer Küche stehen je zwei Kühe eng nebeneinander, so dass wir nach jeder Fütterung den Mist im *Schorrkänel* teilen müssen, ohne dass es auch nur einmal zum Streit kommt. *Ein* Streit, sagen wir, Alfred und ich, wäre bereits einer zuviel. Dasselbe gilt für die Scheune, wo das Gras vor den Barrlöchern übereinanderlappt. Doch wissen wir immer, welches Gras wem gehört. Unsere Väter arbeiten im Steinbruch, und wir besorgen mit unseren Müttern zu Hause die Landwirtschaft, so weit uns die Schule Zeit dafür lässt.

Als ich das erste Mal vom Internat heimkomme, besuche ich Bertel. Sie weitet die Augen wie zum Staunen und probiert einen Satz, dem ich mit Mühe entnehme, sie sei klar im Kopf, nur die Mundmuskeln gehorchten nicht mehr beim Sprechen. Ich stehe wortlos am Bett, nicke und weiss keinen Trost, weil ich spüre, dass Trost jetzt fehl am Platz ist. Ich setze mich auf den Stuhl neben dem Bett und kann ihr die Hand nicht halten, weil ich nicht gelernt habe, einer Kranken die Hand zu halten.

Wieder im Internat, erfahre ich aus einem Brief von Mutter, dass Bertel gestorben ist, „endlich sterben durfte". Ich verfasse einen Beileidsbrief. Ich suche nach ehrlichen Worten und schreibe von meinem Erschrokkensein, und dass ich von so weit weg nicht an die Beerdigung kommen könne. Und zum Schluss: „Bertel hat immer zu uns gehört."

Im dritten Rang

Der ausgetretene Schnee knarrt bei jedem Schritt. Stöcke und Schier liegen gekreuzt auf unseren Schultern. Der Weg führt in die *Felli*, wo das Schirennen stattfindet, und zieht sich über eine Stunde hin. Die Schier sind neu. Ich habe sie vor vier Wochen offiziell zu Weihnachten bekommen. Doch habe ich sie schon vierzehn Tage vor Weihnachten im Kasten des oberen Stübchens entdeckt. Ich erschrak beim Anblick der schönen Eschenschier und konnte mich nicht freuen. In der Stube lag Hans, der jüngere Bruder, mit Gewichten am gebrochenen Oberschenkel, den er als Zeigefinger in die Höhe streckte. Der Zeigefinger galt mir, weil ich es unterlassen hatte, auf ihn aufzupassen. Auf Fassdauben übte ich mich neben dem Haus im Schifahren. Darum passierte es, dass der fünfjährige Fritz ihn vor dem Haus auf den Schlitten setzte, ihn anschob und fahren liess, hinunter, der Staatsstrasse zu, wo er vor Mutters Augen im Stubenfenster hinter dem zwei Meter hohen Bord verschwand. Ich begegnete ihm erst wieder, als Mutter mit ihm in den Armen den Brunnenweg herauflief. Über sein Schreien war ich fast glücklich: Er lebte noch. An Weihnachten musste ich Freude mimen, obwohl es für mich die traurigste Weihnacht war.

Das ganze Dorf ist am Austragungsort versammelt,

Männer und Buben. Der Leiter erklärt: „Hier ist Start und Ziel." Sein Zeigefinger sticht in die Luft: „Am Schluss fahren alle diesen Hügel herunter." Der tiefe Schnee lässt ihn flach erscheinen. Die Luft ist in Wettkampfstimmung. Den Wald berührt es nicht: Er schläft unter der Schneedecke im Stehen. „Ihr müsst jeden Posten passieren!" Wir reden nicht mehr. Die Spannung verschliesst uns den Mund. Dann ruft der Leiter: „Achtung, fertig, los!" Die ersten hasten den Hang hinauf. Ihre Schier schaufeln Neuschnee. Er stäubt. Die Kälte hat ihn pulverisiert. Wir von der untersten Kategorie kommen als letzte dran und haben einen kürzeren Weg. Trotzdem schiebe ich lange vorher meine genagelten Schuhe in die roten Lederbindungen. Am Abend zuvor haben wir sie mit den restlichen Kerzenstummeln vom Weihnachtsbaum gewachst. Das Glätteisen mit den glühenden Kohlen ist sorgfältig über das kantenlose Holz gefahren und hat das Wachs eingeschmolzen. „Damit der Schnee nicht kleben bleibt und wir keine Stollen bekommen", hat Alfred gesagt.

Der Schnee klebt nicht. Er ist auf gefrorenen Boden gefallen. Wir sind an der Reihe. Mein Cousin Walti kommt und kommt nicht voran. Als ich ihn überhole, nimmt ihn sein älterer Bruder Hans aus dem Rennen: „Lass es sein, du hast zu gut gewachst!" Nun sind wir noch drei. Vor Erregung weiss ich nicht, dass ich nach Waltis Aufgabe der jüngste Teilnehmer bin. Ich finde es normal, dass Kurt und *Sagers* Walti vor mir liegen. Sie sind ein Jahr älter und gehen bereits in die Dritte. Wer älter ist, ist schneller. Ich keuche und stosse Fahnen aus. Auch Kurt und Walti haben Nebelfahnen vor dem Mund. Mein Abstand verringert sich nicht, solange wir im Treppenschritt aufwärts steigen. Als es hinuntergeht, fahren sie mir davon.

Dann stehe ich auf dem Hügel, den zum Schluss jeder nehmen muss. Ich bin entsetzt über die Steilheit, die ihm von unten nicht anzusehen war. Vom Ziel her vernehme ich Anfeuerungsrufe, die mir als letztem gelten. Ich stehe da und weiss, dass ich die Mutprobe bestehen muss. Sie gelingt mir besser vor aller Augen als allein; die Rufe werden lauter. Zaghaft schiebe ich den rechten Fuss vor zum Telemarkschritt und will mich solange wie möglich aufrecht halten. Am Fuss des Hügels reisst es mich zurück. Ich grabe mich aus dem Schnee und stehe endlich in den Bindungen neben den Schiern und bin unverletzt.

Das rechte Bein werde ich erst in einer Woche brechen, als wir, Kurt, Margrit und ich, nach dem Einnachten von der oberen Matte her mit dem grossen Schlitten über das Bord hinausfahren. Mir als vorderstem schlägt es beim Aufprall das rechte Schienbein entzwei. Lange werde ich den Unfall als Strafe Gottes bezeichnen, weil sie die Schuld an meinem Bruder tilgt.

Die Anfeuerungsrufe steigern sich: „Renn, es geht um Sekunden, um die Zeit!" Ich packe die Latten und renne blindlings in ihr Lachen hinein. Es tönt belustigt, doch liegt kein Hohn darin. Sie freuen sich einfach am Gaudi. „Du bist dritter geworden", stellt der Leiter fest.

Ein Leben lang werde ich gelegentlich von meinem ersten Rennen erzählen, bei dem ich dritter wurde. „Ich holte Bronze", werde ich sagen und lächelnd beifügen, „wir waren in unserer Kategorie drei." Und von nun an werde ich wissen, dass es beim Sport um Sekunden geht. Bei jedem Rennen werde ich vor dem Fernseher mit der Uhr um Sekunden, Zehntelsekunden, Hundertstelsekunden fiebern und mich begeistern, wenn einer den Weltrekord wieder um eine Zehntel- oder Hundertstelsekunde hinunterdrückt, und werde keine Erklärung dafür finden, warum mich ein Rennen, jedes Rennen, in Atem hält.

Die Bezwingung der Eigernordwand

Auch wir müssen es tun. Auch wir müssen die Eigernordwand bezwingen, Alfred und ich. Wir stehen unter der Linde, studieren fachmännisch die Route und verbieten uns Seile und Haken.

Dass es die grösste Linde ist im Dorf, geht daraus hervor, dass die Dörfler, die uns Höfler nennen, im Juni zu uns heraufsteigen, um sich einen Kratten voll Lindenblüten zu pflücken, der sich rasch füllt, aber nie voll werden will, weil die Hand das Gepflückte immer wieder niederpresst. Jeder pflückt, ohne dass das Blust weniger wird. An warmen Abenden hat der Duft diese ziehende Süsse. Manchmal stehen zwei auf einer Leiter, während die Wartenden am Boden die Äste zu sich herunterziehen, um auf ihre Rechnung zu kommen. Von Zeit zu Zeit hört man einen Aufschrei, das Zeichen, dass wieder eine Biene zornig zugestochen hat.

An Sonntagen pilgern die Leute auf die *Schafmatt*, um nach den Alpen Ausschau zu halten. Will man sie erkennen, muss der Sonntag ein Föhntag sein. Dann ragen sie als überhöhter Kranz aus den Wolken in der nahen Ferne. Und immer hat einer einen Feldstecher bei sich, den er gerne ausleiht. Meine Augen haben nur *ein* Ziel, die Eigernordwand, deren Schatten sich dunkel abhebt vom übrigen Weiss. Nachdem ich das Glas mehrmals erfolglos angesetzt habe, weil dauernd andere Gipfel ins Blickfeld gerückt sind, schiebt sich unerwartet die Nordwand vors Auge, ich erkenne deutlich die *Weisse Spinne*. Darunter muss der *Hinterstoisser Quergang* liegen, der für mich von grosser Wichtigkeit ist. Mit der *Weissen Spinne* und dem *Hinterstoisser Quergang* im Kopf gehe ich heim und kann wie die andern sagen: „Wir haben die Alpen gesehen. So nah wie heute waren sie noch nie."

Alfred steigt als erster auf die Lindenbank und wählt die Direttissima-Route. Dort, wo nur noch nackter Stamm ist, klammern sich die Beine fest und halten das Gewicht des Körpers. Alfred umarmt den Stamm. Handbreit um Handbreit zieht er sich hoch. Hat er die Spinne erreicht, ist es für ihn ein leichtes, den Gipfel zu nehmen.

Obwohl um vier Jahre jünger, habe ich Alfreds Grösse. Doch ist der Körper meinen Armen zu schwer. Darum muss ich eine andere Route, den Hinterstoisser Quergang, wählen. Er ist ein waagrechter Ast, der mich trägt, bis ich über mir den andern Ast erreiche, mit den Beinen einhänge und kopfunter Richtung Spinne hangle. Der Quergang ist nach dem österreichischen Bergsteiger benannt, der bei der Kletterei ums Leben gekommen ist. Mit letzter Anstrengung hieve ich den Oberkörper zwischen einer Astgabel hoch, ruhe keuchend aus, um den letzten Abschnitt zu nehmen. Oben erwartet mich Alfred. Der Astkranz lässt zu, dass ich neben Alfred Platz finde. Die letzte Gabelung über uns scheint uns zu gefährlich; sie könnte uns, auch wenn wir sie einzeln erreichen, womöglich nicht tragen.

Dann bin ich mir schuldig, die Nordwand allein zu besteigen. Von keinem Zeugen beobachtet, steige ich in die Wand. Ich folge meiner Route und habe Übung darin. Von unserem Astkranz aus wage ich mich als erster zum letzten Astkranz hinauf, zum eigentlichen Gipfel. Der Himmel ist von hier aus grösser, weil durch nichts verstellt. Er stützt sich auf dem Horizont ab. Ich folge der Horizontlinie und erkenne fern im Westen den Gempenturm als dünne Nadel, wenn ich nur lange und konzentriert genug hinstarre. Meinen rechten Fuss in den Astkranz geklemmt, lasse ich den linken so lange pendeln, bis das Gewicht zu gross wird und ich es auf den linken verlagern muss.

Die elektrischen Drähte, die zum Estrichfenster führen, sind unter mir. Die Küche der Nachbarn im ersten Stock ist eine Puppenküche, in die man von oben hineinschaut. Ich nehme den Schüttstein wahr und das aufgestapelte Geschirr und weiss, dass die Küche nach Melissentee duftet, weil das ganze Jahr hindurch eine Kanne Melissentee zum Trinken bereit steht. Auf dem Hausdach nebenan erkenne ich die neuen Ziegel, die eingesetzt werden mussten, weil während der letzten

Sturmnacht ein Hauptast auf das Dach niedergestürzt ist und auch die elektrischen Leitungsdrähte zerrissen hat.

Die Lindenäste geben vor, biegsame Weidenruten zu sein. Ich wage ein leichtes Wippen. Die Krone beginnt zu schwingen und vermag mein zehnjähriges Gewicht mit Leichtigkeit zu tragen. Dann knallt es, ich sacke ab, lande auf einem dicken Ast und schlage am Boden auf.

Die Linde ist ein grüner Himmel. Ich warte angestrengt auf den Atemzug, der nicht kommen will. Ich kann klar denken und stelle fest: Es hat mir den Atem verschlagen, und ich muss mich gedulden, bis der erste Atemzug kommt. Doch er lässt auf sich warten und kommt und kommt nicht und spannt mich auf die Folter, denn er ist im Brustkorb eingesperrt und kann nicht heraus.

Dann stehe ich auf den Füssen, spüre das Stechen im Genick, reibe den Nacken und hoffe, Mutter habe nicht am Küchenfenster gestanden. Ich schleiche mich hinters Haus, suche eine Delle im Hang und setze mich. Die Schmerzen melden sich noch nicht; auch das Stechen im Genick ist erträglich. Als ich mich ins Haus wage, fragt mich Käthi unter der Schopftür erschrokken: „Was ist, du bist käsbleich?"

„Von der Linde gefallen. Versprich, dass du's niemandem sagst!"

Der grosse blaue Fleck seitlich am Bauch wird violett, dann grünblau und schliesslich gelb. Dann verblasst er. Damit geht auch das Stechen im Genick allmählich zurück. Dann vergesse ich es. Ich wundere mich einzig, dass ich nach jeder Turnstunde erkältet bin, selbst im Sommer, und jedesmal die Genickkehre habe.

Mit neunundvierzig gehe ich vor UC, die militärische Untersuchungskommission. Der Arzt bittet mich an die Lichtwand, wo das Röntgenbild steckt: „Sie müssen einen schweren Unfall gehabt haben. Sehen Sie hier, der sechste Halswirbel; er ist an beiden Seiten mehrmals abgesplittert. Sie haben Glück gehabt."

Ich erkenne die feinen Linien, vermag mich aber an keinen Unfall zu erinnern. Als ich später den parkierten Wagen rückwärts aus der Reihe fahre und den Hals drehe, habe ich ein Krachen im Kopf, als breche ein Ast.

Lektion fürs Leben

Nach einer kleinen Rempelei mit einem Kameraden riss am Seehundfell-Schulsack die Schnalle. Und das kurz nach meinem Schuleintritt. Untröstlich stieg ich den Berg hinauf. Wie sollte ich es zu Hause sagen, und wer würde den neuen Schulsack wieder flicken? Es erleichterte mich, als Vater beschied: „Du gehst nach Wenslingen zu Sattlers Guschti! Er wohnt nach dem Schwibbogen rechts."

Frohgemut machte ich mich am Nachmittag übers Wenslingerfeld, langte nach einer Stunde in Wenslingen an, fragte mich zum Schwibbogen durch und fand den Sattler.

„So", sagte er nach der Arbeit und gab mir den Schulsack zurück.

Ich streckte dem Sattler den feuchten Franken entgegen.

„Macht fünfzig Rappen."

„Ich habe aber einen Franken."

„Macht trotzdem nur fünfzig Rappen."

„Nein, einen Franken", beharrte ich, denn eine Stunde Wegs, dann das Annähen der Schnalle und eine Stunde Heimweg konnten nicht nur fünfzig Rappen kosten. Gedemütigt, dass der Sattler nur die Hälfte der Arbeit berechnet hatte, weil wenig Geld im Haus war, machte ich mich auf den Heimweg.

Nach Tagen erzählte Vater am Mittagstisch lachend: „Ich habe einen Sohn, der drängt andern Leuten mein Geld auf. Sattlers Guschti hat mir alles erzählt." Vater hat sein Sankt-Nikolaus-Lachen im Gesicht, bückt sich über die Suppe und kann das Spötteln nicht lassen: „Geht bereits in die Schule und weiss nicht, was ein Franken wert ist."

Seither weiss er es.

Das Wiesel

Als ich aus dem Wald trete, flüchtet vor mir ein gelbbraunes Wiesel drei, vier Sprünge lang. Dann hält es inne, macht Männchen und zeigt mir die Unterseite, sein Winterkleid, was mich zum Stehen zwingt. Dann macht es ein paar flache Sprünge durchs Sommergras. Ich nähere mich vorsichtig, um es nicht zu erschrecken. Es flieht ohne Eile, während es seitlich zurückschaut, ob ich ihm folge. Dann zeigt es mir wieder die Winterseite und ist ein langer weisser Finger im Gras. Ich begreife, dass es durch Mausgänge jagen kann, um sich eine Maus zu greifen. Es zeigt mir seine zierlichen spitzen Zähnchen, die ungefährlich aussehen, sich aber auch in Ratten verbeissen können. Selbst an Hasen soll es sich heranmachen.

Immer wieder hält das Wiesel inne, als wolle es sagen: Kommst du? Ich gehe auf sein Spiel ein und breche mir an der Waldzunge eine Haselrute ab. Damit jage ich es. Etwas warnt mich davor, zuzuschlagen. Darum halte ich die Rute nur vor mich hin wie ein Angler. Das Wiesel stört sich nicht daran. Es flüchtet, und sein Schatten flüchtet an der Hangseite der Wiese mit und ist an seinen Füssen angewachsen. Wenn es Männchen macht und mich anschaut, hat es einen braunen Fleck unter den Mundwinkeln. Das gibt ihm ein Lächeln ins Gesicht. Es will spielen, denke ich. Es bekräftigt das mit einem Überschlag. Ich verliere die Vorsicht und schwinge die Rute in der Luft. Das Wiesel bleibt unbeeindruckt. Es macht Sprünge und wartet. Seine Augen locken. „Ich komme", sage ich laut und kann nicht begreifen, dass ein sonst scheues Wiesel, das ich immer nur aus der Ferne über die Strasse huschen sah, plötzlich so zutraulich ist. Mutter sagt, wenn das Wild zutraulich wird, ändert sich das Wetter. Die Schönwetterwolken stehen aber bewegungslos als weisse runde Körper am Himmel, von keinem Wind getrieben.

Beim *Steinbrunn* kommen wir auf die Strasse. Dort schlüpft es in die oben abgeflachte Eisenröhre, die bei Regen das Wasser ableitet. Ich stochere mit der Rute hinein, ohne dass das Wiesel auf der andern Seite zum Vorschein kommt. Ich probiere es von der Gegenseite. Ohne Erfolg. Die Rute ist zu kurz für die ganze Länge der Röhre.

Beuggers Dolfi kommt mit Pferden und Wagen, um das Heu heimzutun. Er bringt die Pferde zum Stehen. „Was machst du da?" fragt er interessiert.

„Es ist ein Wiesel in der Röhre."

„Ein Wiesel? Bist du sicher?"

„Ich bin ihm bis hierher gefolgt", sage ich und erzähle ihm die Geschichte. Er hört sie ungläubig an, lächelt sein weises Dolfilächeln und sagt: „Ich würde nicht weiterstochern. Es hat vielleicht sein Nest in der

Röhre, oder es hat dich von seinen Jungen ablenken wollen." Der Rösslistumpen wippt im Gesicht, wenn er spricht. Dann gibt er den Pferden das Zeichen und wirft ein Lächeln über die Schulter.

Ich befolge seinen Rat und warte. Als das Wiesel nicht mehr auftaucht, gehe ich heimzu.

Jahre später sehe ich in einem Dokumentarfilm einen Hasen um sein Leben rennen. Er springt in langen Sätzen und hat ein Wiesel am Hals. Der kleine Körper flattert wie ein Halstuch auf seinem Rücken. Die wilden Sprünge werden zusehends langsamer, bis der Hase erschöpft liegen bleibt. Bei seinem Anblick beisst sich das Entsetzen in meinen Hals.

Der längste Karfreitag

Der Karfreitag beginnt um fünf. Ich erwache mit ziehenden Schmerzen im Unterleib. Weil ich die Eltern nicht wecken will, drücke ich die Faust in den Bauch. Erst als Vater um sieben aufsteht, mache ich mich bemerkbar.

„Nimm einen Schluck Apfelschnaps, das hilft!"

Ich wage den gefürchteten Feuerschluck, der mir jedesmal hilft. Doch ausgerechnet heute gelingt er mir nicht. Ich bringe und bringe den Schluck nicht hinunter und speie ihn schliesslich wieder aus. Der Vormittag vergeht mit Kamillentee und feuchtwarmen Wikkeln. Doch der Schmerz hat eine verbissene Ausdauer und lässt nicht nach.

Am Mittag findet Vater es an der Zeit, Doktor Thommen anzuläuten. Doch er kommt unverrichteter Dinge vom Dorf zurück. Thommen habe nicht abgenommen, weder er noch seine Frau. „Es ist eben Karfreitag", sagt Mutter verständnisvoll. Ich habe Lust auf Schweinebraten und lege schon den ersten Bissen auf den Teller zurück. Später kommt der neue Pfarrer mit dem frühen Silberhaar aus dem Nachbardorf, wo er brauchgemäss die Karfreitagspredigt gehalten hat, während sein Kollege in unserer Kirche sprach. Auf dem Heimweg macht er uns seine Aufwartung mit seiner schönen Frau. Er ist für seine Geselligkeit bekannt. Von draussen dringt seine laute Fröhlichkeit um die Hausecke zu mir ins Zimmer.

Irgendwann am Nachmittag fragt mich Vater, ob ich Lust auf Zwiebelsalat habe. Nach jedem Fieber verlangt mich danach: das Zeichen meiner Gesundung. Doch die Zunge lehnt schon den ersten Zwiebelring ab. Hierauf geht Vater nochmals ins Dorf, um den Doktor anzurufen. Er kommt mit Thommens Nachricht zurück, es seien nur meine Verstopfungskrämpfe, er kenne mich doch. Sein Rat: warme Kamillenumschläge, dann gebe es sich. Die Schmerzen vergehen nicht, ja verbeissen sich noch mehr. Der Pfarrer bleibt bis zum Abend. Gelegentlich schaut Mutter besorgt nach mir und weiss keinen Rat. Noch vor dem Melken geht Vater ein drittes Mal ins Dorf und kommt mit der Nachricht zurück, Thommen mache an einem Karfreitag keine Krankenbesuche. Und zornig sei er gewesen.

Um halb acht wird mir mit einemmal wohler. „Es geht mir etwas besser, ich spüre es." Doch die Eltern zeigen sich besorgt. Bereits tief in der Nacht sage ich zu Vater: „Es geht nicht mehr, ich spüre es, telefonier dem Krankenhaus!" Ich wundere mich über Vaters Gehorsam mir gegenüber. Sofort nimmt er den Hut und geht zum vierten Mal ins Dorf.

Dann ist der Chauffeur des Spitalautos da, schlägt die Decke zurück und fragt: „Wo tut es weh, links oder rechts?"

„Zuerst rechts. Jetzt kann ich es nicht mehr sagen."

Er untersucht mich wie ein Arzt: „Heb das linke Bein an!" Unter seinen beobachtenden Blicken versuche ich erfolglos, das Knie zu machen. „Ja, es ist Blinddarm", sagt er entschlossen.

Plötzlich taucht auch Thommens Gesicht auf. Später wird mir Mutter erzählen, er habe beim letzten Anruf hämisch geantwortet, er komme, besuche aber vorher in Wenslingen noch eine alte Frau. Warum hat er seinen Besuch hinausgezögert? War es Rache dafür, dass er acht Wochen zuvor bei hohem Schnee zu uns auf den Hof kommen musste, um mir das Bein einzugipsen? Rache dafür, dass er mit seinem Auto den Berg nicht hochkam und sich in seinen Glacéhalbschuhen, wie wir sie nennen, den Berg hinauf bemühen musste? Diesmal zeigt er sich freundlich, und ich muss mich nicht entschuldigen wie damals: „Entschuldigung, Herr Doktor, dass ich das Bein gebrochen habe." Er zeigt sich verständnisvoll und sagt eifrig nickend: „Jaja, es ist gut, dass ihr dem Spital telefoniert habt." Später, wenn ich wieder zu Hause sein werde, wird er jeden zweiten Tag die immer noch offene Wunde mit Wundbenzin säubern und neu verkleben, ohne dass auch nur ein einziges Mal die violetten Äderchen an den Schläfen hervortreten werden vor Zorn.

Auf der Fahrt ins Spital sitzt Vater neben mir und beschwichtigt meine Ungeduld; die Fahrt dauert viel

31

zu lange. Dann geht alles sehr schnell. Ich werde in ein hell beleuchtetes Zimmer gefahren, wo ich, noch bevor ich etwas denken kann, eine Haube auf die Nase gedrückt bekomme und mir gerade noch ein Schrei gelingt, bevor ich ersticke. Später wird mir Vater immer wieder erzählen, er habe unten im Wartezimmer gehört, wie ich „Mutter" gerufen hätte und dann still gewesen sei. Lebenslang werde ich jene schnelle Äthernarkose als Erstickungstod empfinden.

Als ich erwache, stehen Ärzte und Schwestern am Fussende des Bettes, zeigen sich freundlich und fragen mich nach meinem Namen.

„Den wisst ihr doch."

„Das schon", lächelt der bauchige Arzt, „aber wir möchten es von dir vernehmen."

Sofort weiss ich: Sie prüfen, ob du klar bist im Kopf. Darum beantworte ich entsprechend deutlich ihre Fragen nach dem Woher und Wo-ich-jetzt-bin, bis ich die Prüfung bestanden habe und sie sich befriedigt dem Ausgang zuwenden können. Worauf das neugierige Fragen der andern Kinder im Saal einsetzt und ich geduldig und um Klarheit bemüht ins Dunkel hinein Antwort gebe.

Zuerst macht mir der Durst zu schaffen, den man mir nicht stillen will, weil fürs erste ein Löffelchen Tee genügen soll. Es ist nicht mehr als ein Versprechen, eine Ahnung, wie der Durst zu löschen wäre. Vergeblich habe ich nachts das Waschbecken im Sinn. Ich vermag das Bett nicht zu verlassen; das rote Röhrchen, das mir aus dem Bauch ragt, hindert mich daran. Andere, die keinen geplatzten Blinddarm haben, erheben sich nachts von ihren Betten, wandern zu ihren Waschbecken, die für den Morgen bereitstehen, tauchen den Waschlappen hinein und saugen ihn aus. Ich habe auf Tee zu warten, der mir löffelweise eingegeben wird. Er kann meinen Brand nicht löschen. Den geplatzten Blinddarm stelle ich mir als kleine Schweinsblase vor, die beim Hineinblasen grösser und grösser wird. Bei mir war es ein kleiner Eiterbeutel, der zuletzt explodierte.

Vom Haarschopf aus dringt die Hitze in den Kopf. Sie wird schliesslich so unerträglich, dass ich nach dem Coiffeur verlange, der mir die Haare abschneiden soll. Er schert mich kahl, ohne dass die Hitze weniger wird. Im Gegenteil, sie nimmt zu, und nach der roten Kurve zu schliessen, die mir die Schwester hinhält, steigt sie an wie ein Gebirge und erreicht die Höhe von über vierzig Grad. Auch der Tee hilft nicht, den ich jetzt glasweise trinken darf. Die Hitze quält so, dass ich mich nicht am Gespräch der andern beteilige. Sie sind verständig und lassen die Hitze gelten.

Es kommt noch der Blaue Husten hinzu. Er ist ein Grashalm, der mich kitzelt im Hals. Pünktlich fällt mich der Husten an, um zwei Uhr nachmittags, wenn die Besuchszeit beginnt, so dass mir kaum Zeit bleibt, auf die Fragen der Eltern kurze Antworten hinauszustossen. Es bleibt mir nur die Sprache mit den Händen oder die Bewegung mit dem Kopf, der bejaht oder verneint. Ebenso pünktlich sucht mich der Husten am Morgen heim. Punkt fünf Uhr weckt er mich und lässt das Kitzeln eine Stunde lang nicht mehr sein. Und immer wundere ich mich, dass die andern nicht ungeduldig oder gar böse werden, sondern still verharren mit der Decke über dem Kopf.

Als am zweiten Morgen der Bettinhalt braun ist und ich mich voller Scham dafür entschuldige, tröstet mich die Schwester, während sie die Bettwäsche wechselt, das sei nicht schlimm, das könne passieren. Als ich aber später den Milchreis mit Zimt erbreche, weil mir süsser Reis auf die Nacht Magenbrennen verursacht, schimpft sie mich *ungattige Bueb*. Ihre Stimme kippt über vor Zorn, und sie nimmt meine Entschuldigung, ich hätte es doch nicht absichtlich getan, nicht an.

Dann wird mir etwas wohler im Kopf. Vater hat nicht mehr das Glitzern in den Augen, und seine Wimpern müssen sich nicht mehr gegen etwas wehren. Ich lege das Glitzern als Rührung aus, dass er, dem Krankheit fremd ist, mich derart hilflos, dieser Hitze ausgesetzt, im Bett liegen sehen muss. Die Eltern öffnen pünktlich mittwochs und sonntags um zwei die Tür und haben sich an die Stunde Besuchszeit gewöhnt.

Auch der Husten fällt mich jetzt weniger heftig an und lässt mir zwischen den einzelnen Stössen mehr Zeit zum Sprechen. Das Päcklein, das ich erhalte, wird zu den andern getan; sie werden gerecht unter allen verteilt. Zum Zvieri erhalten wir dann eine halbe Banane mit einem Glas Orangensaft oder Orangenschnitze mit einem Glas Milch. Zum Abendessen gibt es zwei Butterbrote mit jenem guten Geschmack, der mich später, wenn ich nachts aufstehe und mir ein kleines Butterbrot streiche, sogleich an damals erinnert.

„Am neunten Tag entscheidet es sich", sagt die Schwester mit Blick auf die Fiebertabelle.

„Was?"

„Ob es besser wird."

„Den wievielten Tag haben wir heute?"

„Den elften."

„Und?"

„Schau!" Sie hält mir die Tabelle hin. Die Fieberkurve ist von vierzig zwei auf neununddreissig acht gesunken.

In der dritten Woche spiele ich mit Marmeln. Ich ziehe die Knie an und lasse die Marmeln durch die Falten des Leintuchs rollen. „Er spielt ja!" ruft Doktor Berger mit Genugtuung in der Stimme. Ich hänge seinen Worten nach.

Wenn drüben auf dem nahen Bahndamm die Züge vorüberrollen, erzeugen sie im Saal ein Beben; die

Glastür reagiert mit leisem Scheppern. Sie teilen den Tag in Abschnitte ein: Morgenzug, Abendzug, Nachtzug und die Züge dazwischen. Nachts werfen sie eine kurze Helligkeit an die Wand, Grüsse, die gut sind gegen mein Heimweh, wenn ich nicht schlafen kann. Auch tagsüber stören sie kaum, sondern geben mir das Gefühl von Ordnung und Geborgenheit, denn sie fahren nach Plan. Eines Tages merke ich, dass ich sie gar nicht mehr wahrnehme. Auch Elli an der gegenüberliegenden Wand geht es so: „Ich habe mich so an die Züge gewöhnt, dass ich gar nicht mehr achte auf sie."

Elli ist ein Jahr älter als ich. Sie schlägt vor, dass alle auf drei aufstehen, das Hemd kurz hochheben und einander das Geschlecht zeigen. Weil ich die Kraft noch nicht habe, aber nicht als Feigling gelten möchte, schwöre ich, dass ich es nachholen werde, sobald es mir möglich ist. Eines Tages tue ich es mit dem roten Röhrchen im Bauch. Sie hält ihren Blick gebannt darauf gerichtet und vergisst, was sie anschauen will. Auch Alex hat sich mit den andern auf Ellis Befehl erhoben, trotz des Loches im Oberschenkel. Es behelligt ihn kaum; aber täglich um zehn zieht es die interessierten Blicke der Visite auf sich, nachdem die Schwester es freigelegt hat und nachher wieder verbindet. Alex hat es gut. Er ist der fröhlichste, hat kein Fieber, keine Schmerzen und kann wohl bald wieder heim. Ein halbes Jahr später werde ich durch die

„Volksstimme" erfahren, dass Alex gestorben ist. Ich kann es nicht fassen. Tagelang liege ich Mutter in den Ohren und will die Gründe für seinen Tod wissen: „Er kann doch nicht einfach gestorben sein!"

„Er hatte Knochentuberkulose", beteuert sie immer wieder, „und die ist unheilbar."

Dann darf ich im Spitalgarten spazieren. Als Elli mitkommen will, lehne ich ab. Sie hat sich lustig gemacht über meinen Kahlkopf und die abstehenden Ohren: „Wie ein Sträfling." Ich suche mir durch Gebüsche und Bäume einen Weg, auf dem ich täglich meine Runden mache. Drüben im Garten der Erwachsenen spaziert, durch einen Maschendrahtzaun von mir getrennt, die schöne Frau Pfarrer. Wie zufällig halte ich mich am Drahtzaun auf, um mich an ihrem Gesicht satt zu sehen. Sie hält es gesenkt und nimmt mich nicht wahr, wenn sie hart an mir vorbeigeht. Dabei habe ich bei ihr doch bereits einige Blockflötenstunden genommen.

Nach sechs Wochen ist der Karfreitag endlich vorbei. Die Mutter holt mich ab. An der Pforte höre ich die Schwester sagen: „Dank seines guten Blutes ist er davongekommen; es hat ihm das Leben gerettet. Trinkt er viel Milch?" Doch ich will nichts mehr hören von davongekommen und gutem Blut, sondern dränge nach Hause.

Wochen später, als ich von Tedys Laden das Enggässlein hinauf heimwärts gehe und zufällig einen Blick in den abstehenden Bund meiner schwarzen Manchesterhose werfe, erstarre ich vor Schreck. Dann wage ich einen zweiten Blick und sehe, dass an meinem Bauch ein kleiner Überbauch herausragt. Angewurzelt stehe ich da und werde zum ersten Mal von Frau Rickenbacher, die in ihrem Garten arbeitet, angesprochen: „Bist du es oder ist es dein Bruder, der so grosses Pech hatte?" Noch immer betäubt durch den Anblick meines Bauches schweige ich. Sie wiederholt die Frage. „Ja, ich." Und nun zeigt die verschlossene Frau zum ersten Mal Anteilnahme, lässt die Hacke fallen und tritt zu mir. Während ich abwesend antworte, wissen wir beide noch nicht, dass unser zweites Gespräch erst in ihrem neunundneunzigsten Lebensjahr in einem Altersheim stattfinden wird, wo ich mich ihr zuerst zu erkennen geben muss. „Ja, Sie sind doch der, der damals …"

Meine Angst macht mir die Beine leicht, als ich den Oltinger Stutz hinauf heimwärts eile, um mein Unglück zu Hause loszuwerden, inständig hoffend, ich sei nur das Opfer meiner ängstlichen Phantasie. Mutter wirft einen kurzen, taxierenden Blick und ist im Bild. Vater weiss: „Du hast einen Leistenbruch wie ich." Ich kenne sein ledernes Bruchband mit der metallenen Einbuchtung, das er sich Morgen für Morgen umschnallt. Sein Leben lang fürchtet er sich vor einer Operation.

Ich muss die Angst, die mich bis in die Träume besetzt hält, rasch hinter mich bringen und dränge auf sofortige Operation. Als Mutter im Spital unser Anliegen vorbringt, zieht Doktor Berger besorgt die Brauen hoch: „Die Wunde ist noch zu jung. Wir können nicht schon wieder schneiden. Es hätte eine Entzündung zur Folge. Kommen Sie in einem Jahr wieder!"

Das Warten macht das Jahr zum längsten Jahr. Die Angst ist ein Gewicht in der Brust, eine Schnur um die Kehle, eine Flauheit im Magen, eine Lähmung in den Beinen. Sie erstickt mein aufkommendes Lachen, dämpft meine Fröhlichkeit, lähmt den Atem, ist eine ständige Sorge im Kopf.

Im Herbst des nächsten Jahres ist es soweit. Der Zug bringt mich nach Liestal. Dort steige ich mitten am Nachmittag gesund in ein Krankenbett, habe eine Nacht lang auszuharren, in der ich keinen Schlaf finde, sondern still in mein Kissen weine, damit die andern im Saal meine Angst nicht zu Ohren bekommen. Der Morgen lässt sich Zeit. Und ist dann doch zu früh. Als die Schwester den Saal betritt, um mich vorzubereiten, muss ich ihr unbedingt meine Angst vor dem Ersticken anvertrauen, muss reden, während mich der Wagen durch gewinkelte Gänge rollt, muss dringend erklären, dass es für mich wirklich ein Ersticken war vor einem Jahr. Unter Tränen bitte ich sie, es diesmal nicht dazu kommen zu lassen. Und errege ihr Erbarmen, hole ihr tröstende Worte vom Mund, die mich beruhigen sollen, mich aber nicht beruhigen können: „Diesmal ist es anders, ganz anders, du wirst sehen. Du erstickst nicht, schläfst einfach ein, ohne es zu merken."

„Aber der Äther?"

Den Äther tut sie mit einem Lächeln ab: „Du wirst sehen."

Die Schwester hält Wort, von einer andern Schwester mit Worten unterstützt. Sie erklären jede Handlung, sagen, was kommt: „Jetzt die Ätherhaube, die nur ein wenig riecht." Sie drücken sie mir leicht aufs Gesicht: „Siehst du, du musst nicht ersticken. Atme ruhig und zähle, das ist das beste Mittel!" Während ich zähle und zähle, auf zwanzig, dreissig, vierzig, will das Einschlafen nicht kommen. Ich höre sie sagen: „Wie sein Herz schlägt! Fühl mal, wie sein Herz schlägt!" Ich weiss noch, dass ich siebenundfünfzig sage ... Dann liege ich verloren im Weltall, ausgestreckt zwischen Drähten, von denen ich mich befreien will. Kaum gelingt es mir, einen Draht loszuwerden, spannt mich ein anderer straffer ein. Ich kämpfe verzweifelt, um mich aus dieser Verlorenheit zu retten. Doch verwickle ich mich immer mehr. Dann spüre ich, wie man mich nochmals mit Äther erstickt, und denke: Gelogen, gelogen!

Als ich erwache, liege ich im Bett. Die vorher freundliche Schwester zeigt ihre böse Seite und schimpft mich aus: „So ein wilder Bub! So wild war noch keiner, wirklich nicht. Wir vermochten dich fast nicht zu bändigen!" Dann liegt mein Kopf nach dem Erbrechen mit schweissnasser Stirn im Kissen, und ich bin dankbar, dass es überstanden ist.

Dem längsten Karfreitag verdanke ich es, dass ich stets am Ende einer Sitzreihe Platz nehmen muss, sei es im Kino, Theater oder anderswo, um mir einen Fluchtweg offen zu halten. An jedem Tisch sitze ich stets zuoberst, obwohl es mir peinlich ist, am Tischende zu sitzen, weil man es falsch auslegen kann.

Seit dem längsten Karfreitag weiss ich, dass sterben leichter sein muss, als eingespannt zwischen Drähten gottverlassen im Weltall verzweifeln zu müssen.

Streit

Sonntag. Ich stehe am Nachmittag allein vor der Scheune, als meine Cousins und Cousinen von Grossmutter, die im ersten Stock wohnt, herunterkommen, um sich draussen zu vertun. Sie kommen von Kaffee und Kuchen und heissen Paul oder Hans oder Fritz oder Walti, Mariann oder Leni. Sie sehen mich vor der Scheune stehen und schauen scheinbar gleichgültig über mich hinweg, an mir vorbei, durch mich hindurch, denn es darf mich heute nicht geben für sie, weil droben bei der Grossmutter über Vater verhandelt wird, der sich im Frühling bereit erklärt hat, Grossmutters Hof zu bewirtschaften. Sie hecheln über Vater: Er flucht mit den Pferden, ja er schlägt sie manchmal sogar mit der Peitsche. – Er kommt abends nicht heim zum Melken und will ein Bauer sein. – Er ist unzuverlässig. – Ja, das ist er. – Einmal blieb er drei Tage fort und überliess den Hof Emilio, dem Meisterknecht aus dem Tessin. Sie fallen über Vater her. Darum können mich an diesem Sonntag meine Cousins und Cousinen nicht mitnehmen. Sie sind Partei; sie gehören zur einen, ich zur andern. Unentschlossen ziehen sie ums Haus.

Ich stehe auf der betonierten Jauchegrube vor der Scheune und habe einen Kloss im Hals, den ich hinunterzuwürgen versuche. Ich stehe da, bis sie aus meinem Blickfeld verschwunden sind, und weiss nicht, wohin mit mir. Im ersten Stock sind jetzt nur noch Grossmutters Töchter und Schwiegersöhne, die ihr Komplott gegen Vater schmieden, der nicht wie seine Mutter will. Wir bewirtschaften bereits zum zweiten Mal Grossmutters Hof, was wieder nicht gelingen will, denn Vater und Grossmutter vertragen sich nicht. „Weil sie sich zu ähnlich sind", sagt Mutter. Vater will seiner Mutter den monatlichen Zins nicht persönlich geben, sondern die Sache über die Bank abwickeln, nur, so höre ich Grossmutter rechten, damit er wieder einen Tag und eine Nacht wegbleiben kann. Und er hat die falsche Frau geheiratet, denkt Grossmutter. Ich weiss, dass sie so denkt. Zur Strafe muss Mutter als älteste von sechs Schwiegertöchtern die Grossmutter siezen. Die andern duzen ihre „Mutter" vor meiner Mutter in unserer Stube, wo wir gemeinsam essen. Auch der noch ledige Onkel, der bei Grossmutter wohnt und mein Lehrer ist, isst mit uns. Er unterhält die Gesellschaft im oberen Stock, während ich versuche, den Kloss im Hals hinunterzuwürgen.

An diesem Sonntag verachte ich Grossmutter, die vom Aussehen und der Frömmigkeit her eine Grossmutter ist, wie sie sein soll. An Wochentagen lädt sie mich manchmal zum Radiohören ein. Die Kasperlistunde von Radio Stuttgart am Dienstagnachmittag verpasse ich nie. Dann ist sie meine Grossmutter. Die Streitereien mit Vater sind vergessen, und ich vergebe ihr, dass

Mutter sie siezen muss. Später, als ich nach dem ersten Trimester vom Seminar in die Sommerferien nach Hause komme, erfahre ich, dass sie in der Zwischenzeit meiner Mutter das Du angetragen hat, und ich weiss auch warum. Ich bin in einem Alter, wo es mir nichts mehr ausmacht, die Grossmutter ein wenig zu verachten, wenn sie uns auf dem vorderen, kleineren Hof besucht, den Vater gekauft hat. Langsam, Fuss vor Fuss setzend, stützt sie ihren schweren Körper auf dem Knotenstock ab.

Ich stehe immer noch vor der Scheune und habe Verständnis dafür, dass die andern mich übersehen müssen. Würden sie mich mitziehen lassen, käme das einem Verrat an ihrer Grossmutter gleich. Am Montag wird sich die Situation wieder normalisieren, und ich sitze in der Schule neben meinem Cousin, der kommentarlos wieder mein Freund sein darf und mit mir um dasselbe Mädchen wirbt. Am Montag nach diesem Sonntag erzählt der Onkel aufgekratzt, seine Nichten und Neffen hätten gestern einen besonderen Fund gemacht. „In der Kiesgrube oberhalb unseres Hauses haben sie in einer Höhle den Wintervorrat eines Eichhörnchens entdeckt." Er hält den Sack mit den Nüssen hoch: „Gegen hundert Nüsse, die vom nahen Nussbaum stammen." Seine Worte durchfahren mich. Es sind die Nüsse, die ich gesammelt und mir als Wintervorrat in der Kiesgrube angelegt habe. Doch was soll's. Ich lass den Onkel erzählen, der seine Kenntnisse über Eichhörnchen loswerden will und auch die Tatsache hervorhebt, dass Eichhörnchen in der Regel Nüsse immer nur einzeln vergraben. Ich will ihm die Freude nicht verderben und ihm den Glauben lassen.

Noch immer stehe ich mit dem Kloss im Hals vor der Scheune und weiss, dass ich für meinen Vater geradestehen muss und die andern mich darum nicht mitnehmen dürfen, obwohl wir nicht miteinander verfeindet sind. Auf Umwegen schleiche ich hinauf in den rettenden Wald, der mir an andern Tagen Geborgenheit gibt. Heute muss ich ihn ertragen und achtgeben, dass ich den andern nicht begegne. Den sich nähernden Stimmen weiche ich in meine Verstecke aus. Die Zeit dehnt sich, und die Viertelstunden vom Kirchturm dauern länger als sonst. Um halb sechs ist der Besuch auf dem Nachhauseweg. Es ist Zeit zum Füttern, und ich darf auf direktem Weg wieder heim. Als ich die Scheune betrete, sitzt Vater im Stall unter einer Kuh und führt, von Flüchen begleitet, sein zorniges Selbstgespräch. Ich mache mich bemerkbar und rufe beiläufig: „Ich gebe den Kühen etwas Gras!" Der Vater bricht den Streit mit seiner Verwandtschaft ab.

Tschumi

Wir kommen aus der Schule und bleiben nach Biders Rank stehen. Tschumi liegt im Strassengraben neben Schaubs Gartenmauer auf dem Bauch mit ausgedrehten Beinen; nur die Spitzen der Schuhe stehen auf dem Pflaster. Wir rufen ihn an: „Tschumi, he!" Er reagiert nicht. Er schläft seinen Rausch vom Sonntag aus.

„Er schläft nicht", sagt einer, „er liegt im Delirium."

Ein anderer tritt über ihn, bückt sich, „he!", tritt naserümpfend zurück und sagt mit heruntergezogenen Mundwinkeln: „Schnapsleiche."

„Der Schnaps hat ihn besinnungslos gemacht", weiss ein anderer, und: „Er frisst sich ihm ins Gehirn und zerstört alle Zellen, bis keine mehr da ist." Ich stelle mir Tschumis leere Hirnschale vor. Sie ist eine Nussschale, aus der man den Kern, die beiden Gehirnhälften, herausgeklaubt hat.

Wacht er auf, hat er den Nachbrand. Dann muss er wieder zur Flasche greifen, um ihn zu löschen, worauf er den Rausch wieder ausschlafen und den Brand wieder löschen muss. Bis ihm der Meister die Leviten liest und ihn wieder zum gewissenhaften Elektriker macht, der mit Kabelschere, Isolierband und Lötlampe umzugehen weiss. Er ist nicht eigentlich ein Quartalssäufer, eher ein Wochenendtrinker, aber kein Schnapsbruder. Den hängen wir ihm nicht an.

Tschumi leidet an Trunksucht. Wir machen uns keine Gedanken darüber, ob er ein heimliches Leiden hat, eine unglückliche Liebe, oder ob er einsam ist. Er ist ledig und hat beim Meister Kost und Logis. Wir föppeln ihn nie, denn Tschumi kann mit Elektrizität umgehen wie keiner. Wir bewundern sein Wissen über Volt und Stromstärke. Wenn Tschumi im Haus gewesen ist, brennt jede Lampe wieder. Während des Reparierens stellt er sich auf ein Brett und nimmt die Sicherungen gar nicht erst heraus. Erhält er einen Stromschlag, zuckt sein Körper ein wenig. Man sagt, er brauche die Stromschläge, sie weckten seine Lebensgeister auf.

Als er das neue Schützenhaus eingerichtet hatte, sagte er am Schluss: „Es werde Licht!" drehte den Schalter, und die Birne unter der Glosche leuchtete auf. Seine Zauberei lässt ihn nie im Stich. Darum ist er bei uns eine angesehene Person.

Zwanzig Meter unterhalb von Tschumis Schnapsleiche hält der Migros-Wagen. Er ist um Biders Rank gefahren, damit man von der Hauptstrasse aus nicht sehen kann, wer zum Wagen geht und in dessen Deckung einkauft. Die Frauen kaufen mit schlechtem Gewissen, weil sie dadurch die Dorfläden und den Konsum im Nachbardorf schädigen. Mein Onkel kann es nicht lassen, ebenfalls beim Migros-Wagen anzustehen, obwohl er mit einer aus dem Konsum geht. Er hat sogar den Magen, ihr seine Sünde zu beichten, weil er weiss, dass sie ihm vergibt. Die Frauen bewundern die Rechenkünste der Verkäufer, die gleichzeitig Chauffeure sind. Sie beurteilen auch ihr Äusseres. Wenn einer, an den man sich gewöhnt hat, von einem andern abgelöst wird, der weniger gut aussieht, sind sie enttäuscht. Aber, sagen sie, im Schnellrechnen kann er dem andern das Wasser reichen.

Die Frauen, die vom Migros-Wagen kommen, haben es eilig. Sie fühlen sich auf frischer Tat ertappt. Eine wirft einen Blick auf Tschumi und sagt, ohne den Schritt zu verlangsamen: „Das nimmt noch ein böses Ende mit ihm."

„Stockbesoffen!" ruft eine andere.

Aus einem Auge schaut das schlechte Gewissen, aus dem andern der Triumph, für so wenig Geld so viel eingekauft zu haben. Der Migros-Wagen ist ein Segen für alle, und Duttweiler, der Erfinder der Migros, ist ein Wohltäter der Menschheit. Von einem weiss man, dass er sein Bild in der Stube aufgehängt hat wie mancher später den General. Beim Migros-Wagen kann man alles haben. Ein wahres Wunder, wie alles Platz darin findet. Der Verkäufer zieht blind eine lange schmale Metallschublade heraus und legt das Gewünschte unter den staunenden Blicken der Frauen auf den heruntergeklappten Ladentisch.

Der Bauer auf dem Pferdewagen schaut schräg herunter, nickt und lächelt. Seine Miene sagt: Da hat wieder einer geladen. Wenn Tschumi wenigstens in der Sonne liegen würde. Er liegt im Schatten der Gartenmauer und friert in Hemd und Sonntagskittel. „Der friert nicht, Schnaps wärmt", sagt einer. Aus Schaubs Stube schlägt der Webstuhl.

Das Gilet

Traugott kommt eines Abends zu Vater in die Stube und will ihm den *Fleck* abkaufen, weil er leichtmelkig ist, *ringmälchig*, wie wir sagen. Er weist seine gichtigen Hände vor. „Das Melken wird immer schwieriger", klagt er. „Die Gicht nimmt zu; es ist ein Familienübel. Immer trifft es einen von uns. Darum suche ich eine leichtmelkige Kuh."

Er sitzt mit Vater am Tisch und handelt den Preis aus. Seine Handrücken glänzen, als habe er sie mit Melkfett eingerieben. Es ist aber kein Melkfett, es ist die geschwollene Hand, die glänzt.

Auf Traugotts Frage: „Ist die Kuh auch leichtmelkig, wie du sagst?" deutet Vater mit dem Kopf auf mich: „Er melkt sie bereits." Dabei ziehe ich die Kühe nur an. Ich fette ihre Zitzen ein, die wir Striche nennen, und schmeichle ihnen mit den Händen, indem ich das Melken vortäusche. Schwellen die Striche an, ist die Milch im Kommen. Vater braucht sich dann nur noch unter die Kuh zu setzen und mit dem Melken zu beginnen. Es ist wahr, dass ich *Fleck* versuchsweise manchmal melke, so dass Vater die Kuh nur noch ausmelken muss.

Mutter hantiert in der Küche. Von ihr weiss ich, dass Traugott einmal um ein Haar das Leben verloren hätte. „Traugott ist damals fast ums Leben gekommen. Wir waren beim Heuen in der *Schafmatt*. Plötzlich vernehmen wir ein zorniges Rufen vom Feld nebenan. Es ist Traugott, der auf seinen Wagen zurennt, wo ein Dieb eben mit dem Esskorb flüchtet. ,Willst du den Korb wohl da lassen!' schreit er. Doch der Dieb flüchtet weiter. Als ihn Traugott fast eingeholt hat, fällt ein Schuss. Traugott rennt weiter und fällt nach ein paar Schritten hin. Tot, denken wir alle. Auf den umliegenden Wiesen lässt man das Geschirr fallen und eilt dem Wagen zu, um Traugott zu helfen. Man legt ihn in den Leiterwagen und schiebt ihm einen Armvoll Heu unter den Kopf, damit er besser atmen kann. Er lebt noch, und der rote Fleck auf der Brust weitet sich aus. Sie jagen heimzu. Von dort fährt ihn das Krankenauto ins Spital."

„Und der Dieb?" frage ich.

„Der wollte aus der Gegend. Doch der Landjäger hat ihn noch am gleichen Tag gefasst und eingelocht."

Er war demnach kein Dieb, denke ich. Wer eine Pistole trägt, ist ein Mörder, noch bevor er geschossen hat, weil er die Absicht dazu hat. „Und Traugott?"

„Ist davongekommen, mit einem Lungendurchschuss. Er hat noch eine Weile gedoktert. Dann merkte man ihm nichts mehr an. Einzig das Gilet hatte am Rücken einen viereckigen Flicken. Der erinnerte uns stets an den Vorfall. Und ein Foto besitzen sie, eine

Röntgenaufnahme, auf welcher der Einschuss deutlich zu sehen ist."

„Trägt er das Gilet immer noch?"

Mit einem prüfenden Blick durch den Türspalt sagt Mutter: „Es wird das gleiche Gilet sein. Er hat es immer getragen, solang ich daheim war. Von seinem Gilet trennt sich keiner gern. Je älter ein Stück, desto mehr hängt man dran."

Ich gehe wieder in die Stube. Dort sind Traugott und Vater redselig geworden und nähern sich dem Preis. Traugotts knotige Finger streicheln automatisch die schmerzende Hand. Ich habe das Gilet im Kopf, ohne hoffen zu können, dass er den Kittel auszieht. Aber ich bin zu wenig verwandt mit ihm, als dass ich ihn hätte darum bitten können. Mutter war es: „Wir hatten denselben Grossvater und wohnten im gleichen Haus. Das war der Länge nach senkrecht geteilt. Wir wohnten vorn hinaus, auf der Sonnenseite, er hinten hinaus. Fast jeder ist mit dem andern um sieben Ecken verwandt. Ich als eine Rickenbacher bin es mit dem halben Dorf. Wir durften Traugotts Vater aber nie Grossvater nennen, weil unsere Mutter aus erster Ehe und darum nicht von ihm stammte. Traugott ist genau genommen mein Stiefcousin, was weiss ich."

Die Gicht treibt ihm die Knoten in die Fingergelenke, färbt die Hände rot und gibt ihnen ein krankes

Aussehen. Auch Traugotts Gesicht drückt die Schmerzen in den Händen aus. Im Rücken müsste die Narbe sichtbar sein, eine kleine runde Narbe, die ich sehen und deren Geschichte ich von Traugott erfahren möchte.

Traugott lehnt nochmals einen Schluck Most ab, indem er auf die Hände weist: „Most ist Gift für die Gicht." Vater füllt sein eigenes Glas wieder auf. Später noch eins und noch eins. Most, den man wegstellt, verdirbt.

Schliesslich erhebt sich Traugott, gibt jedem von uns die Hand: „Sorgfältig, nicht drücken!" und lässt mich mit der Vermutung zurück, dass es das Gilet mit dem Flicken gewesen sein könnte.

Demütigungen

„Halblang", sagte Vater, „halblang müssen sie sein. Ich weiss, wovon ich rede." Die Leinenhose war braun und dick wie Filz und in Jahren nicht auszutragen.

„Ich trage die Hosen nicht."

„Ich habe dem Schneider den Auftrag gegeben, sie dir anzumessen, und habe die Hosen im voraus bezahlt. Wer zahlt, befiehlt."

„Ich trage die Hosen nicht."

Vaters Schweigen war endgültig.

„Kein einziger im Dorf trägt halblange Hosen wie ein Bergbub, der Ziegen hütet. Fehlt nur noch, dass ich barfuss gehe."

„Ich will nur das Beste für dich. Die Hosen reichen eine Handbreit unters Knie." Vater zeigte mir seine mächtige viereckige Spachtelhand. Seine viereckigen Fingernägel hatten hellblaue Monde.

„Wenn andere auch Halblange tragen würden, aber kein einziger im Dorf trägt solche Hosen!" sagte ich verzweifelt.

„Die andern interessieren mich nicht. Ich habe es in den Knien. Schon mit fünfunddreissig bekam ich die ersten Spritzen. Du sollst es einmal nicht in den Knien haben." Vater war nicht zu bewegen, von der Handbreit abzukommen.

Das erste Mal musste ich die Hose tragen, als ich mit

elf im „Rösslisaal" auf der Bühne stand und mit den andern, die auch Musikstunden nahmen, den Donauwalzer spielte. Ich spielte Erste Geige und trug den blauweiss gesprenkelten Pullover, den Mutter eigens zu diesem Anlass innert drei Tagen – „und Nächten" – gestrickt hatte. Der schöne Pullover riss die fürchterliche Hose nicht heraus. Die Augen des ganzen Saals hingen an ihnen, und ich schämte mich so, dass ich in den Bühnenboden hätte versinken können.

Zwei Winter lang schämte ich mich: in den Schnee hinein, in die Strasse hinein, in den Boden hinein. Manchmal spielte ich mit dem Gedanken, die Hose mit der Schere zu kürzen. Einfach die Schere ansetzen und ritsch, ratsch durch den filzigen Stoff. Jedesmal, wenn ich sie ansetzte, spürte ich das Ceinturon, das nicht mehr aufhören wollte. Der erste Schmerz war der entsetzlichste. Der zweite Schmerz wurde durch den ersten betäubt, der dritte durch den zweiten ... Bis der Zorn des Vaters verraucht und das Ceinturon erschlafft war. Dadurch vermochte ich die Schmerzen auszuhalten, auch die Schmerzen in der Hand, die ich schützend hinter mich hielt. Sie war hinterher aufgeschwollen und nach drei Tagen blau. Die Schmerzen waren dann nur noch ein Brennen, das bald verging; einzig der regenbogenfarbene Hintern blieb. Vater hat mich dreimal geschlagen, einmal mit der Mehlbürste, zweimal mit dem Ceinturon, das hat gereicht.

Der schlimmste Tag war der Sonntag. Der schickte mich mit diesen Hosen in die Kinderlehre. Das hämische Lächeln meiner Kameraden entging mir nicht. Da vermochte auch der blauäugige Jesus nicht zu helfen, der dich, wo immer du sassest, treu anblickte. Man entkam ihm nicht. Der Heimweg war Spiessrutenlaufen. Manchmal lachte einer vor Schadenfreude. Erklärte ich Vater: „Du, die lachen laut über meine Halblangen", sagte er nur: „Lass sie lachen, sie werden es später büssen."

„Musstest du denn auch Halblange tragen?" fragte ich ihn einmal.

„Eben nicht! Darum hab ich's ja in den Knien."

„Und die andern, die auch kurze Hosen trugen, haben es alle in den Knien?"

Er antwortete mit seinem üblichen „Mah".

Ging Vater den Brunnenweg hinunter, knickte er in den Knien ein, wie um mir zu demonstrieren, was mir blühe, falls ich ihm nicht gehorchte. Dabei war es sein Gewicht, das die Knie einknicken liess. Das liess er aber nicht gelten.

Verglich ich meine Knie mit Vaters Knien, waren sie sich bis zum Überbein unterhalb der Kniescheibe so ähnlich, als wären wir eineiige Zwillinge.

Ein Winter dauert doppelt so lange, wenn man braune Halbleinenhosen trägt. Der Frühling erlöste mich endlich und gab mir die schwarzen Manchesterhosen zurück, die ich eine halbe Handbreit *über* den Knien tragen durfte. Ich schämte mich nicht mehr in den Boden hinein, denn die warme Jahreszeit war gnädig.

So gnädig auch wieder nicht: Sie hielt eine neue Demütigung bereit. Coiffeurs Hans bekam von Vater im Steinbruch die Anweisung, mir im Sommer den Kopf kahlzuscheren.

„Warum? Andere dürfen sich die Haare stücken lassen."

„Ich weiss warum."

„Weil du mit dreissig eine Vollglatze hattest." Auf dem Hochzeitsfoto fielen Vater nur noch ein paar Fäden in die Stirn.

„Genau darum lass ich dir den Kopf kahlscheren. Es stärkt die Haarwurzeln. Du sollst einmal keine Glatze bekommen."

Der Coiffeur griff nach der Handschere und setzte sie im Nacken an, fuhr mit ihr wie ein Grasmäher mit Vorderbalken den Hinterkopf hinauf nach vorn bis zur Stirn. „Ich lass dir vorn die Haare einen halben Zentimeter lang stehen. Der Vater wird nichts dagegen haben können." Ich spürte sein Mitleid.

Wenn ich nachher in den Spiegel blickte, musste ich wegschauen, um den Idioten nicht ansehen zu müssen mit seiner viel zu hohen Stirn, den abstehenden fleischigen Ohren und dem zu grossen Kopf. Der lange, schnellgewachsene Körper schien ihn kaum tragen zu können. Bereits in der Unterschule trug ich Hutnummer sechsundfünfzig, wenn ich die Hüte der Erwachsenen probierte. „Du warst bei deiner Geburt fünfundsechzig Zentimeter lang." Von dieser Länge war Mutter nicht abzubringen, auch von andern Frauen nicht. „,Sie müssen allen Ernstes damit rechnen, dass aus ihm ein Riese wird', sagten die Ärzte zu mir. Ich fand mich damit ab."

Als ich in die Oberschule kam, beharrte ich darauf, mir die Haare stücken lassen zu dürfen. „Keiner in der Oberschule hat einen kahlgeschorenen Kopf." Vater gab nach, weil er offenbar glaubte, für die Zukunft meines Haarwuchses genug getan zu haben. Der Coiffeur konnte trotz seiner schweren Hand, die er beim Steineladen erworben hatte, seine Kunst an meinem Kopf erproben. Er stückte mir die Haare. Die Schere klappte emsig auf und zu. Den Hinterkopf liess er weit hinauswachsen und schloss ihn tief im Nacken mit haarscharfer Linie ab. Von da an mochte ich mir die Haare nie mehr anders schneiden lassen, auch wenn ein anderer Schnitt Mode war.

Die Bezirksschule erlöste mich endlich von der verhassten Halbleinenhose, aus der ich noch immer nicht herausgewachsen war, obwohl ich rasch aus den Kleidern wuchs, besonders rasch aus den Schuhen, die mir nach jedem halben Jahr zu klein wurden, was Vater mit einem sorgenvollen Fluch quittierte. Die Bezirksschule erlaubte Knickerbocker, weil praktisch jeder diese Hose trug. Sie hielten die Knie warm. Die hohen Bergschuhe störten mich nicht, weil wir von den oberen Dörfern alle genagelte Bergschuhe trugen.

Meine Knie hielten stand. Darum war ich es, der es gut meinte mit Vater, welcher damit angab, nach der Rekrutenschule nie mehr unter hundert Kilo gewogen zu haben. Er sagte es, als wär's ein Verdienst.

„Dein Gewicht ist schuld, dass du's in den Knien hast."

„Nein, die Arbeit im Steinbruch. Fast immer stehst du im Feuchten."

„Andere stehen auch im Feuchten und haben keine Probleme mit den Knien."

„Es ist ein Familienübel."

„Keiner deiner Brüder hat es in den Knien."

„Arbeiten die im Steinbruch?"

Ich wurde älter und bekam keine Knieprobleme, obwohl mein Beruf mich zu langem Stehen zwang.

„Weil die Hosen dich in den entscheidenden Jahren vor der Kälte geschützt haben", beharrte Vater.

Was meinen Kopf angeht, trage ich Hutnummer einundsechzig. Was die Haare betrifft, sah es bald danach aus, dass ich sie noch früher verlieren würde als Vater. Als Siebzehnjähriger hatte ich bereits ein Vogelnest anstelle des Haarwirbels. Ich schlug aber auf

Mutters Seite. Dort gab es keine frühzeitigen Glatzen, nur feines, dicht gewachsenes Haar. Das früh erworbene Vogelnest blieb. Die feinen Haare waren von einer Zähigkeit, über die ich mich wunderte.

„Weil ich dir den Kopf habe kahlscheren lassen", argumentierte Vater, der seiner Vollglatze einen prächtigen Vollbart entgegensetzte und die Glatze stets mit seinem Homburger bedeckte, wenn er ins Dorf ging. Anfänglich benutzte er sein Motorrad, später den Einachser. Er biss auf die Zähne während der paar Schritte zum Wirtshaus und liess sich die Schmerzen in den Knien nicht anmerken. Noch mit achtzig verzichtete er auf den Stock. Mit einundachtzig stolperte er über das aufragende Ende einer Kokosmatte, stürzte und brach sich ein Knie. Und erholte sich nicht mehr. Die Knie waren sein Schicksal.

Mein Haarverlust hält sich in Grenzen, und Knieprobleme sind mir unbekannt, denn Vater hat es doch gut gemeint wie alle Väter, denen die Kinder als vermeintlich zu kurz gekommene die Sünden auflisten und nachtragen, auch wenn es uns nicht gefällt.

Ein Pharao

Immer wieder kam es vor, dass die Pumpe nicht mehr funktionierte. Sie war in der Küche neben dem Schüttstein angebracht und der Wasserleitung angeschlossen. Eigentlich sah man von ihr nur den aufragenden Hebel, nach dem wir griffen, wenn wir Wasser brauchten. Hatten wir Glück, schoss der Strahl schon nach wenigen Bewegungen aus dem Hahnen. Doch regelmässig passierte es, dass die Pumpe nicht funktionierte.

„Niemand im Dorf", sagte ich bitter, „muss das Wasser heraufpumpen wie wir."

„Nicht meine Schuld", pflegte Vater zu antworten. „Die im Dorf haben ein gemeinsames Reservoir, wir haben nur eine Quelle, die zu wenig weit oben gefasst worden ist, so dass der Druck nicht reicht. Es ist etwas falsch gelaufen, als sie das Haus anno 1840 bauten."

„Zwanzig Meter weiter unten läuft die Brunnenröhre Tag und Nacht."

„Es ist das Wasser aus derselben Quelle, nur reicht für unsere Höhe der Druck nicht aus. Ich bin überzeugt, dass der Rutengänger weiter oben noch eine andere Quelle gefunden hätte." Als Vater nach einer Wasserader suchte, nahm er die Enden einer gegabelten Weidenrute in die Hände, schritt feierlich über die Matte, und dort, wo sich die Rute nach unten senkte, war Wasser zu vermuten, was der ausgehobene Graben nachher bestätigte. Wie dicht an der Oberfläche die Quelle lag, zeigte sich, wenn Beuggers Jauche ausfuhren. Schon nach einer Stunde tranken wir quasi aus erster Hand Jauchewasser, wenn auch nur ein, zwei Schlucke lang. Was für eine handfeste Cholera genügt hätte, wären wir nicht durch gelegentlichen Jauchegenuss immun gewesen. So jedenfalls legte ich es aus. Meist aber gaben Beuggers die Warnung durch: „Mr güllere denn morn", was hiess: Seht euch vor, und deckt euch mit genügend Wasser ein!

War die Pumpe in Ordnung, spürten wir sofort, dass sie Luft ansaugte, die das Wasser nach sich zog. Dann schoss der Strahl aus dem Hahnen. Funktionierte die Pumpe nicht, weil das Ventil undicht war, wollten wir das Ventil überlisten, indem wir den Hahnen zudrehten und an die fünfzig Mal den Hebel mit grosser Schnelligkeit hin- und herbewegten, dann einige Sekunden zuwarteten, um nochmals zu hebeln. Nach dem hundertsten Mal spürten wir manchmal, wie die Pumpe Luft zu fassen bekam. Wir drehten rasch den Hahnen auf und bekamen Wasser. Dann aber war es höchste Zeit, die Pumpe zu flicken, was Vater bewog, vom Ventil zu reden, unter dem ich mir nichts vorzustellen vermochte. Es befand sich in der Tiefe der Brunnstube. War es undicht geworden, kam Vaters Stunde. Er begab sich nach dem Mittagessen vors Haus, hob mit einem Eisenhaken den schweren gusseisernen Deckel ab und legte ihn sorgfältig neben den offenen Schacht. „Hol das Heuleiterchen!" Stufe um Stufe begann der Schacht Vaters Körper zu schlucken. Meine Augen durchbohrten den dämmrigen Raum und entdeckten, dass auch für mich noch Platz vorhanden gewesen wäre.

„Ich möchte zusehen, wie du das Ventil flickst."

„Es ist kein Platz für dich da", tönte Vater hohl herauf.

„Ich wär dir nicht im Weg."

Doch Vaters Augenmerk war bereits beim Ventil, das ich von oben nicht erkennen konnte. Das Veloventil war mir bekannt. War es kaputt, schob man ein neues Gummischläuchlein über die Düse, aus der Luft entwichen war. Wie aber verhielt es sich mit dem Ventil in der Brunnstube? Vater war weder zu bewegen, mich bei der Arbeit zusehen zu lassen noch mir seine Arbeit zu erklären. Das Ventil war und blieb sein Privileg, das er sich von niemand streitig machen liess. Darum erfuhr ich nie, wie das Ventil in der Brunnstube aussah.

War es nach einer halben Stunde geflickt, gab Vater wieder hohle Töne von sich und schickte sich an, heraufzukommen. Zuerst erschienen seine grossen Schaufelhände, die sich am Schachtrand festhielten; man konnte nie wissen. Das Leiterchen war alt und dürr, und die Sprossen konnten unter seinem Gewicht leicht brechen. Tauchte sein Kopf auf, hatte Vater die Miene eines Zauberers, der wieder einmal das Wasserwunder vollbracht hatte. Nachdem auch sein runder Körper umständlich aus dem Schacht herausgewachsen war, zog er das Leiterchen nach, damit ich ja keine Gelegenheit fand, schnell hinunterzusteigen, um mir das Wunder anzusehen. Bevor er den schweren Deckel anhob, sagte er, seiner Sache sicher: „Schau nach, ob Wasser kommt!" Ich rannte in die Küche und spürte den Sog schon nach wenigen Hebelbewegungen. Vater nahm meine Freude stumm entgegen, was etwa heissen mochte: Mein Verdienst. Eine Weile hielt das Ventil, dann durfte sich Vater wieder als Zauberer betätigen.

„Hat das Ventil mit jenem vom Velo zu tun?" fragte ich.

„Im Prinzip ja", sagte Vater mit gewichtiger Miene, deutete aber an, dass das Ventil in der Brunnstube eine viel kompliziertere Angelegenheit war, die nur von ihm erledigt werden konnte.

Dann kam der Tag, wo er uns am Mittagstisch mit einer Nachricht überraschte. Er verstand es, jede Nachricht zum Ereignis werden zu lassen, weil er seine Entschlüsse immer einsam fasste und sie auch mit Mutter nicht besprach. Diesmal gelang ihm die Mitteilung ohne Umschweife; er liess sie als Schrapnell platzen.

„Kilchberg will ein Reservoir bauen." Er legt eine

Pause ein, während seine Augen die Runde machen. „Auf der oberen Matte."

„Was!" entfährt es Mutter, die auch diesmal nicht eingeweiht worden ist. Es folgt das zweite Schrapnell: „Die ich gratis zur Verfügung stelle."

„Gratis", sagt Mutter vor sich hin, „wo wir doch Geld verlangen könnten."

„Gratis", lacht Vater.

„Dann gibt die Matte auf Jahre nichts mehr her", wendet Mutter ein.

„Auf zwei", präzisiert Vater. Seinem vielverspre- chenden Lächeln dürfen wir entnehmen, dass er noch einen Trumpf in der Hinterhand hat. Wir lassen ihm Zeit, damit er ihn ausspielen kann. „Dafür bekommen wir das Wasser gratis." Nun ist es heraus, und es verfängt bei uns Söhnen.

„Ist das auch ein guter Handel?" fragt Mutter be sorgt.

„Gratis Land gegen gratis Wasser", sagt Vater, und wir merken, er hat noch etwas auf der Zunge, das er loswerden will. „Auf ewige Zeiten." Sein Blick wandert unsere Mienen ab und labt sich an unserem Staunen. „Und es wird im Grundbuch eingetragen." Sein rechter Zeigefinger tippt auf die imaginäre Seite eines imagi- nären Grundbuchs. Dann breitet sich langsam ein Lächeln aus, das er, unserer Zustimmung sicher, für den Rest des Mittagessens im Gesicht stehen lässt.

Das in Angriff genommene Reservoir war zunächst ein systematischer Angriff auf die obere Matte. Er verwandelte sie im Frühsommer in eine lehmige Wüstenei. Die Erdbewegungen waren so umfangreich, dass eine Nutzung des Landes in den nächsten Jahren unvorstellbar schien. Einzig der obere Teil, Rutschgebiet, das die Grenzsteine dauernd nach unten verschob, blieb verschont. Wir mähten den Streifen jeweils von Hand und brachten ein mageres Fuder Heu zustande.

Das entstehende Reservoir zog auch den Baumgarten in Mitleidenschaft. Die breite, sich immer tiefer in die Erde wühlende Zufahrtsstrasse erlaubte den Obstbäumen gerade noch ihre Daseinsberechtigung, auch wenn ihr Wurzelwerk unter dem zunehmenden Druck der Lastwagen litt. Damit das Wasser endlich in Kilchberg ankam, musste ausserdem ein Graben sämtliche Landstücke unterhalb des Hauses zerschneiden.

Das alles vermochte Vaters blaue Augen nicht zu trüben; sie blieben klar vor Zuversicht.

An Weihnachten waren beide Becken gebaut. Die Umgebungsarbeiten liess man den Winter über ruhen. Erst im März wurde der Lehm durch die glättende Schaufel des Baggers schlecht und recht eingeebnet, so dass im Frühsommer da und dort tatsächlich Löwenzahn spross, den zu mähen sich nicht lohnte. Der Verlust des Grases schmerzte nicht mehr. Auch der Graben, durch unsere Felder gezogen, störte kaum, denn wir hatten inzwischen den Anschluss bekommen, hatten Wasser, soviel wir wollten, und der Pumphebel am Schüttstein war bereits Erinnerung. Wir hatten Wasser, gespiesen vom unterirdischen See, den mein Onkel unter der Ziegfluh vermutete, weil ihn die Eislöcher im *Eisbrunn* verrieten. Hielten wir die Hand in eines der Löcher, wehte uns im heissesten Sommer Gletscherluft entgegen. Das Wasser besass einen Gout, der jeder Mineralquelle das Wasser reichen konnte. Es liess die sich zögernd wiederbelebende Wüste vergessen. Zu meiner Verwunderung gedieh im dritten Sommer das angesäte Gras dunkelgrün und krautig.

„Man muss", erklärte Vater, „die Erde manchmal erneuern, indem man das Unterste nach oben kehrt."

Das Reservoir ist längst zugewachsen und der Eingang von hohen Haselbüschen flankiert, und Vater ist gestorben. Ein Mensch aber ist erst dann endgültig tot, wenn niemand mehr an ihn denkt. Aus diesem Grund liessen sich die ägyptischen Pharaonen Pyramiden als Grabmäler bauen, um des ewigen Andenkens sicher zu sein. Entsteige ich dem Auto, ragt das Reservoir auf der oberen Matte stets als erstes in mein Blickfeld.

Der Aufschrei

Einer ging mit uns in die Bezirksschule. Er war von fröhlicher Natur und stets zum Lachen bereit und hatte darum Freunde. An Werktagen trug er Kleider, auf die wir an Sonntagen stolz gewesen wären. Sein Vater besass ein Kleidergeschäft in Gelterkinden, wo wir unsere Knickerbocker kauften.

Nur an Samstagen unterschied er sich von uns. Er kam in Sonntagskleidern auf seinem englischen Velo, stieg ab, betrat das Schulhaus und setzte sich in die Bank. Seine Religion verbot ihm, einen Füllfederhalter in die Hand zu nehmen, um damit zu schreiben. Er war zum Zuhören verurteilt. Auch bei schriftlichen Arbeiten musste er passen. Er hiess Braunschweig und war Jude. Warum einer, der den Namen einer deutschen Stadt trug, Jude war, wollte mir nicht in den Kopf.

Wir waren christlich getauft und bekamen am Mittwoch frei, um in unseren Dörfern die Religionsstunde zu besuchen. Da auch er frei hatte, kam er zu zwei freien Schultagen, was sich in seinen schulischen Leistungen niederschlug. Er wurde zurückgesetzt. Seinem Lachen, das er nach wie vor über den Schulhof schallen liess, tat das keinen Abbruch. Es fiel auf, weil es so laut war. Im Mai 1940 lachte er am lautesten.

Nach der Schulzeit verlor ich ihn aus den Augen. An der Klassenzusammenkunft vernahm ich, dass er nach

Israel ausgewandert sei und in Haifa lebe. Sein Lachen tönt jetzt anders. Es war sein Aufschrei gewesen, den wir nicht als solchen erkannt hatten.

Der Liebestod von Lausen

Tagelang hielt uns der Selbstmord von Lausen in Atem, nicht nur, weil es ein Doppelselbstmord gewesen, sondern wegen der Art und Weise, mit der er begangen worden war.

Das Gerücht wusste viele Geschichten. Wir gaben jeder Geschichte recht; sie beflügelte uns.

Ein junger Lehrer hatte mit seiner Geliebten ein Sportflugzeug bestiegen. Auf tausend Meter Höhe öffnete er die Klappe, und beide stürzten sich in den Tod. Wir stellten uns vor, wie sie, eng umschlungen, in die Tiefe sausten. Ihr Aufprall musste so gewaltig gewesen sein, dass sie in der Erde ein Loch aufrissen. Dann erfuhren wir Genaueres. Der Lehrer hatte die Klappe geöffnet und sich aus dem Flugzeug geworfen, ohne dass ihn der Pilot daran hätte hindern können. Dann erst folgte ihm die Geliebte nach, was uns zutiefst enttäuschte, weil ihre Körper nicht, wie angenommen, beisammen-, sondern ein Stück weit auseinanderlagen.

Man sagte, sie habe ein Kind von ihm erwartet und es sei ihnen nur der Ausweg in den gemeinsamen Tod geblieben. Wieso? fragten wir, sie waren doch beide im Alter, wo sie hätten heiraten können. Oder man sagte, sie hätten es im Rauschzustand getan. Nein, sagten andere, der Selbstmord sei genau geplant gewesen, dafür spreche das Vorgehen, mit dem sie ihn begangen hätten. Oder man sagte, *er* sei der Selbstmörder gewesen und habe einfach eine Frau gebraucht, die bereit war, mit ihm in den Tod zu gehen.

Wir staunten über die Liebe der Frau zum Lehrer, die so gross war, dass sie seinetwegen ihr Leben opferte.

Was, *Liebe?* Sie sei ihm verfallen gewesen, darum habe er von ihr verlangen können, was er wollte. Sie sei ihm blind gefolgt, sogar in den Tod. Es gebe Leute, die einen andern mit in den Tod ziehen müssten, weil sie's allein nicht fertigbrächten. Und auch das sagte man: Ein Selbstmörder kann nichts dafür, er tut es aus krankhaftem Zwang. Ich wunderte mich über das Wissen der Erwachsenen.

Über den Selbstmord von Lausen ist Gras gewachsen. Mir aber ging das Liebespaar nach und liess mich nie ganz zur Ruhe kommen. Jedesmal, wenn ich mit dem Auto durch Lausen fuhr, erinnerte ich mich daran, weil Lausen ein Name ist, der mit dem Liebestod von Lausen eins ist. Heute lässt die Autobahn Lausen rechterhand liegen, wenn ich von Basel herkomme. Entsprechend ruft sich mir das Liebespaar seltener in Erinnerung.

Ihre Namen habe ich nie erfahren, ebensowenig wie die Gründe für ihren Tod. Sie bleiben für immer ein namenloses Liebespaar, im Tod vereint. So sagt man doch.

Der Schrei

Als ich Kurt am Mittwochmorgen zum Religionsun-
terricht abholen will, steht er, weiss im Gesicht, in der
offenen Tür und kann heute nicht kommen: „Der Vater
ist beim Heuschroten verunglückt." Als die Schrote
nicht griff, habe er das Übergewicht bekommen und sei
auf den Heuboden gestürzt, keine zwei Meter tief.
Während Kurts Erklärung sehe ich durchs Fenster
seinen Vater auf dem Stubentisch unter der angezünde-
ten Lampe liegen. Erschrocken fahre ich allein in die
Religionsstunde. Ich weiss, er hat den Rücken gebrochen. Als ich in Rünenberg ankomme, weiss es auch der
Pfarrer bereits.

Später erfahre ich Genaueres über den Hergang des
Unfalls. Otti wollte mit der Heuschrote am frühen
Morgen Heu schneiden. Die Schrote griff nicht und
warf Otti zurück. Der Schmerz zuckte in seinem Rük-
ken, noch bevor er auf dem Heuboden aufschlug. Er lag
da, hatte kein Gefühl mehr in den Beinen und begann
zu rufen. Es reagierte niemand, weil man ihn vom
Schlafzimmer oder von der Küche aus nicht hören
konnte. Als Nussbaums Juli um halb sieben in den
Steinbruch ging, vernahm er draussen das Rufen. Sofort
organisierte er Hilfe und holte den Nachbarn. Dieser
eilte ins Dorf zu Miggel, der es beim Militär bis zum
Sanitätswachtmeister gebracht hatte. Unter seiner

Anleitung legten sie Otti sorgfältig auf ein Brett und hoben ihn vom Heuboden auf den Scheunenboden hinunter. Von dort trugen sie ihn auf den Stubentisch.

Dann ist jener Sonntagvormittag, wo wir, Kurt, Walti und ich, von der Kinderlehre kommen. Noch nicht bei Kurt angelangt, vernehmen wir den Schrei. Kurts Vater schreit seinen Schmerz heraus, und er geht uns durch und durch. Kurt wird verlegen. Uns verschlägt es die Sprache. Darum können wir uns nicht ins Reden verlieren wie sonst, sondern verabschieden uns rasch. Ich haste, vom Schrei gejagt, bergaufwärts. Zu Hause erwartet mich das Mittagessen, das ich auswendig weiss: Brötchensuppe und Kartoffelstock mit eingemachtem Schweinebraten. Ins Suppenlöffeln hinein erzähle ich vom Schrei. Vater nickt und löffelt weiter.

„Warum besuchst du ihn nie?" frage ich ihn.

„Weil ich's nicht über mich bringe", sagt er zu den Fettaugen im Teller und sitzt mit seiner breiten Gesundheit da.

„Warum nicht?"

„Ich kann keine Kranken besuchen, auch im Spital nicht. Ich ertrage den Lisolgeruch nicht."

„Du hast mich doch auch besucht, als ich Blinddarm hatte."

„Das ist etwas anderes", sagt Vater zum Löffel. Von Mutter weiss ich, dass er mit seiner Übergesundheit verlegen wird, wenn er vor einem Kranken steht. Er kennt Krankheit nicht.

Eigentlich geht es mir ähnlich. Wenn ich Kurts Vater nach der Schule manchmal besuche, dann immer in Kurts Gegenwart. So gelingt es mir, über ihn mit seinem Vater zu sprechen. Allein gelänge es mir nicht.

Den Schrei im Kopf durchstreife ich am Nachmittag mit Walti den Wald. Auch ihm geht der Schrei nach. Wir müssen über ihn reden, damit er uns aus dem Kopf geht. Als wir Rueff von oben anschleichen, um ihn beim Sonnenbaden zu beobachten, verliert sich der Schrei. Rueff sitzt auf seiner scheinbar verborgenen Bank am Steilhang und bietet der Sonne seinen nackten Körper dar. Er tut so, als wähne er sich unbeobachtet, obwohl er das Knacken über sich gehört haben muss, als wir uns näherten. Manchmal erhebt er sich, um der Sonne vorzuturnen. Dann dreht er sich um und macht, uns zugewendet, seine Freiübungen weiter. Er pflegt seine Nacktkultur auch am Mittwochnachmittag, wenn wir draussen *im Schacht* das Wasser stauen und uns im Schwimmen versuchen. Dann taucht er plötzlich auf, ist da, steigt ins Wasser und demonstriert Rücken- schwimmen. Sein gebräuntes Glied schwimmt über dem Wasser, und die Schamhaare glitzern im Sonnen- licht. Wir schauen ihm zu und lächeln über den kurio- sen Mann.

Am Abend vor dem Einschlafen ist Rueff vergessen und der Schrei wieder da. Jeder im Dorf kennt ihn. Oft vernimmt man ihn mehrmals täglich. Von unserem Gehöft aus höre ich ihn nicht. Ottis Haus liegt oberhalb des Dorfes. Darum geht sein Schrei über die Dächer hinweg bis zum Hügel hinüber. Der wirft ihn zurück. Wenn Otti seinen Schrei ausstösst, ist es zum Steinerweichen, und das Dorf hält den Atem an. Dann erst sagt man kopfschüttelnd, Otti schreit wieder.

Heutzutage wäre wohl alles anders; Otti hätte nicht einfach den Rücken gebrochen, sondern wäre querschnittgelähmt und ins Paraplegikerzentrum gekommen. Nachher sässe er in einem elektrischen Rollstuhl und führe durchs Dorf. Vielleicht hätte er ein Lächeln im Gesicht, würde da und dort anhalten, mit diesem und jenem ein Wort wechseln, wäre weiterhin Gemeinderat, dürfte weiterleben und müsste nicht, viereinhalb Jahre auf dem Rücken liegend, mit Hilfe von Morphiumspritzen auf den Tod warten, der in seinem neunundvierzigsten Jahr eintritt.

Marie

Marie, sagte man im Dorf, ist mit dem Postauto wieder heimgekommen. Damit gab man dem Gerücht Nahrung. Es wuchs und verhärtete sich.

Marie ist schon das zweite Mal in Sissach gewesen, hiess es im Dorf, und das Gerücht blähte sich auf zum bösen Verdacht.

Als Marie erneut zur Vernehmung vors Bezirksgericht musste, waren auch die letzten Zweifel beseitigt, trat an die Stelle des blossen Verdachts die Gewissheit: Sie ist es gewesen, und man fand jetzt auch handfeste Gründe dafür. Marie hat ihren alten Laden doch satt gehabt. Ging man zu Marie, ging man in den oberen Laden. Ging man in den unteren Laden, ging man zu Tedy. Das Hauptargument für Maries Schuld, das am schwersten wog: Sie betrog, besonders wenn die Kinder einkauften. Die Erwachsenen verstanden sich zu wehren. Jedes zweite Mal „vergass" sie, uns Kindern die Rabattmarken zu geben, so dass wir nochmals zurück mussten, um die Märklein zu verlangen. „Meine dumme Vergesslichkeit", sagte sie entschuldigend. Man legte ihr diese aber anders aus. „Ihr ewiges Entschuldigen beweist nur, dass sie's absichtlich tut."

Dem Brand, den Marie gelegt haben soll, fielen drei stattliche Häuser zum Opfer, zwei Bauernhäuser und Maries Kolonialwarenladen, der ihrem Bauernhaus angeschlossen war. Sie besorgte den Laden; ihr Mann betrieb die Landwirtschaft. Es brannte so lichterloh, dass die Berge in der Runde taghell in rötlichem Licht erstrahlten. Die Feuerwehr tat ihr Bestes und konnte, während die beiden Bauernhäuser bis auf die Grundmauern niederbrannten, noch einiges aus dem Laden retten. Vater, der das Wendrohr führte, kam am Morgen russgeschwärzt heim.

Tage nach dem Brand war die grosse Versteigerung, wo man aus Maries Restbeständen für wenig Geld vieles kaufen konnte. Ich stand neben Mutter, als ein Stoss Hefte mit einem Stoss Zeichnungsblätter angeboten wurde. „Fünfzig Rappen!" rief Hans, der erst in die erste Klasse ging und kein Recht auf so viel Papier hatte. Das war mein Augenblick. „Mutter!" sagte ich dringlich zu ihr hinauf und stiess sie in die Seite. Zu mehr reichte es in meiner Erregung nicht.

Mutter stand da, schwieg und liess es geschehen, dass Hans beide Stösse für fünfzig Rappen bekam. Meinen verzweifelten Vorhaltungen auf dem Heimweg hielt sie entgegen: „Hättest du's mir gesagt, hätte ich so lange geboten, bis das Papier dein gewesen wäre. Bis auf zwei Franken wäre ich gegangen."

Ich habe diesen Verlust nie verschmerzt und Mutter eigentlich nie verziehen. Sie hätte doch wissen müssen, dass dieses Angebot mir gehörte. Betrete ich heute mein Kellerzimmer, haftet dem Blätterstoss auf dem

Schreibtisch noch immer jener Brandgeruch an, der damals wochenlang über dem Dorf gelagert hatte.

Marie musste nicht mehr vors Bezirksgericht. Sie wurde wegen Mangels an Beweisen freigesprochen. Grund genug, ihr die Schuld endgültig zuzuschieben. Wer, wenn nicht sie, konnte es gewesen sein. Bewundernswert ihre Gelassenheit, mit der sie im neuen Laden weiterkrämerte. Verblüffend auch die Gelassenheit, mit der Willi den unausgesprochenen Verdacht gegen seine Mutter ertrug. Er führte uns an Sonntagen in die neue Scheune, um von dort für jeden von uns den obligaten Mohrenkopf mit dem goldglänzenden Silberpapier zu holen. Wir waren Willi gegenüber fair und spielten nie auf den Verdacht gegen seine Mutter an. Marie trug die Schuldzuweisung wie eine, die zwar schuldig ist, der man aber nicht auf die Schliche gekommen ist. Glaubten wir, dachten wir, sagten wir hinter der hohlen Hand. Man kaufte weiter bei ihr ein, wenn man sich nicht mit schlechtem Gewissen beim Migros-Wagen mit dem Wichtigsten eindeckte. Er parkierte zweimal pro Woche an etwas versteckter Lage. Marie, die während des Bedienens gerne ein paar Worte wechselte, vergass mit der früheren Regelmässigkeit, nach dem Zahlen die Rabattmarken herauszugeben. „Wie dumm, jetzt ist es mir wieder passiert! Meine ewige Vergesslichkeit!"

Ein gutes Vierteljahrhundert später vernahm ich

jene Wahrheit, auf die wir im Grunde schon immer gewartet hatten. Einer lag auf dem Sterbebett. Er war Knecht gewesen bei einem der beiden Bauern und war seiner Auffassung nach zu Unrecht entlassen worden. Darum, erklärte er, habe er sich rächen müssen. Er goss eine Benzinkanne, die man gefunden und Marie angehängt hatte, bei der Einfahrt aus, warf ein brennendes Zündholz hin und flüchtete auf dem Velo talabwärts. Niemand war auf ihn gekommen. Er müsse, gestand er kurz vor dem Sterben, eine Last loswerden, damit nicht jemand anderer belastet werde.

Das Dorf atmete hörbar auf, und alle waren heilfroh, dass Marie, die gegen achtzig ging, die späte Wiedergutmachung noch erleben durfte.

Das Wundmal

Der Gipsermeister eines Nachbardorfs war gewissenhaft, fleissig, bescheiden, lebte nur für seine Familie und war ein ebenso vorbildlicher Ehemann wie Vater. Einziger Luxus, den er sich leistete: das Rauchen. Es wurde ihm denn auch zum Verhängnis. Mit zweiundfünfzig starb er an Lungenkrebs. Vorher hatte er sich, wie man sagt, bester Gesundheit erfreut. Lediglich eine Gipsallergie im rechten Handteller machte ihm etwas zu schaffen; sie trat immer dann auf, wenn er überarbeitet war. Spielte man auf die eingebundene Hand an, tat er die Frage mit einer Handbewegung ab. Sein hartes Gesicht täuschte über seine Sensibilität hinweg.

Nach dem Spitalaufenthalt nahm ihn seine Frau nach Hause und pflegte ihn aufopfernd, bis er starb. Nach einiger Zeit trat bei ihr im rechten Handteller dasselbe Leiden auf. Sie ging zum Hautarzt, der ihr der Reihe nach mehrere Salben und Tinkturen verschrieb, ohne dass sie halfen. In ihrer Ratlosigkeit suchte sie einen Geistheiler auf, dessen Behandlung vorübergehend Besserung brachte. Die Allergie trat jedoch weiterhin auf, und zwar immer dann, wenn die Frau es besonders schwer hatte.

Als sie ihrer Cousine von ihrem Leiden erzählte, meinte diese: „Du hast eine Art Wundmal."

„Wundmal?"

„Ja, wie jene Frauen, bei denen am Karfreitag Jesu' Wunden aufbrechen."

Sie ging mit der Geschichte zum Hautarzt. „Es kann durchaus möglich sein", meinte dieser, „denn Ihr Leiden ist seelischer Natur. Führten Sie eine gute Ehe?"

„Unser Verhältnis war so innig, dass kaum je ein böses Wort fiel. Nach seinem Tod hatte ich das Gefühl, ein Teil von mir sei mitgestorben."

Der Arzt nickte und gebrauchte ein Fremdwort, das sie nicht verstand: symbiotisch. Dann nannte er im Verlauf des Gesprächs ein weiteres Fremdwort: Stigmatisation.

„Was heisst das?"

Auch er erzählte ihr die Geschichte vom Wundmal und riet der Frau, ihr Leiden als gute Erinnerung an ihren Mann hinzunehmen.

Von da an war die Frau getröstet und nahm den Verband als Zeichen der Trauer, ähnlich wie früher Männer nach dem Tod eines Nächsten ein schwarzes Trauerband am Oberarm trugen.

Das andere Leben

In meiner Kindheit hörte ich von Zwillingen in einem Dorf, zwei Knaben, die auf die Namen Hans und Fritz getauft worden waren; in jeder Familie gab es einen Hans oder Fritz. Als sie ein Jahr alt waren, badete sie die Mutter gemeinsam im Zuber und legte beide aufs Wickelbrett, das über dem Zuber lag. Dann eilte sie, als es nach Angebranntem roch, schnell in die Küche, um die übergelaufene Milch vom Herd zu nehmen und aufzuwischen.

Als sie zurückkam, war einer von ihnen in den Zuber gefallen und ertrunken. Weil sie sich aber glichen wie ein Ei dem andern, wusste man nicht, welcher nun der Ertrunkene war, Hans oder Fritz. Schliesslich warf man eine Münze hoch, Hans war Kopf, Fritz Zahl. Kopf war oben. Demnach war Fritz ertrunken.

Hans jedoch, als er erwachsen war, wollte etwas nicht aus dem Kopf. Immer wieder fragte er sich, wer nun eigentlich ertrunken war, er oder Fritz. Womöglich war nämlich Fritz am Leben geblieben und er, Hans, tot. Er sann und sann und hintersann sich schliesslich. In Schwermut lebte er dahin. Die Vorstellung, er lebe das Leben, das ihm gar nicht gehörte, liess ihn nicht mehr los. Endlich konnte er die Ungewissheit nicht mehr ertragen. Sich ertränken in einem Fluss lag nahe. Aber es war kein Fluss in der Nähe. Und so wählte er die in den Dörfern übliche Art des Selbstmords: sich vor einen Zug werfen oder sich im Estrich erhängen. Er erhängte sich.

Wie eine Dichterin

Der Selbstmordversuch hatte Linas schönes Gesicht ein wenig zerstört. Aber sie sprach jetzt in klaren Sätzen zum Pfleger. Sie sprach von dem, was sie immer verschwiegen hatte, verschweigen musste.

„Die Hochzeitsnacht", sagte sie.

„Was war mit der Hochzeitsnacht?" fragte der Pfleger.

„In der Hochzeitsnacht setzte Emil seinen Pflug an und riss mein Feld auf und pflügte mich durch, bis ich Acker war. Dann säte er unter Keuchen sein Saatgut aus."

„Wie eine Dichterin", staunte der Pfleger.

„Das wär ich gerne geworden, doch die Arbeit einer Bäuerin lässt es nicht zu. Nach dem Säen legte er sich neben mich auf die Seite und schlief sofort ein, ohne zu schnarchen. Aufgewühlt lag ich da bis zum Morgen. Als er erwachte, ging er wieder über mich und säte zur Sicherheit nochmals aus. Dann erhoben wir uns und fuhren in die Kleider. Die Hochzeitsreise ging auf die *Isola Bella*.

„Schöne Insel", übersetzte der Pfleger.

„So heisst sie, und ich war auch glücklich mit ihm. Er war ein flott aussehender Mann. Und natürlich pflügte und säte er auch auf der Insel weiter, und es war mir recht. Er wollte auf sicher gehen. Nach der Hochzeitsreise blutete ich, und Emil meinte, wir hätten den falschen Zeitpunkt erwischt. Zur falschen Zeit ausgesät, dachte ich. Er ackerte fleissig weiter, denn er wollte einen Nachkommen, einen Sohn und auf keinen Fall ein Mädchen."

„Ja, damals hielt man's noch so."

„Heute noch", lächelte Lina mühsam und verlangte nach einer Spritze gegen die Schmerzen. „Schade, dass der zweite Stock nicht gereicht hat. Ich hätte vom dritten aus springen müssen." Sie setzte unter der Wirkung der Spritze zu einem Witz an: „Dann könnte ich die Begonien von unten sehen." Sie sagte nicht Stiefmütterchen, wie es bei diesem Witz üblich ist.

„Wie eine Dichterin!" sagte der Pfleger wieder anerkennend und ermunterte Lina dadurch zum Weitererzählen.

„Seine Saat ging nach einem Jahr nicht auf. Auch nach dem zweiten Jahr nicht. Und auch später nicht. Ich war unfruchtbarer Boden und rentierte nicht. Freudlos ackerte er nachts weiter auf mir herum und bewachte sorgenvoll seine Saat, die nicht aufgehen wollte. Er schwieg zwar, doch sagte er mit seinem Schweigen mehr als mit Worten. Draussen bei den Leuten überspielte er seine Sorge mit Lachen und Fröhlichkeit. Drinnen im Haus legte er die Maske ab, und seine Mundwinkel bewegten sich nicht mehr. Dann kamen die spitzen Bemerkungen, und die taten weh."

„Darum kamen Sie ins Sinnen", half der Pfleger weiter.

„Darum landete ich im Irrenhaus. Man kann es auch so sagen."

„Sagen Sie das nicht!" sagte der Pfleger.

Dann wirkte die Spritze, und Lina verdämmerte. Auf das Verdämmern folgte der Schlaf. Von Zeit zu Zeit kam der Pfleger und mass den Blutdruck. Der fiel und fiel.

„Kurz vor dem Ende", erklärte der Pfleger, „war sie noch einmal klar im Kopf und durch den Sturz enthemmt. Sie hat geredet wie eine Dichterin."

Das Leid ansagen

In meiner Kindheit war es üblich, dass man, war jemand gestorben, von Hof zu Hof ging, um das Leid anzusagen. Man tat es, weil im Dorf erst zwei Telefone vorhanden waren, eines im „Rössli" und eines auf der Post.

Man hörte von einem Bauern, dessen zweiter Sohn Bücher liebte und in der Stadt studierte. Nachdem der Sohn bei einem Verkehrsunfall ums Leben gekommen war, betrat der Bauer das Zimmer des Sohnes und sagte den Büchern, vor denen er grosse Ehrfurcht hatte, als ersten das Leid an. Bevor er sich zu den Nachbarn aufmachte, betrat er den Stall und sagte auch den Tieren das Leid an.

Das Doktorspiel

„Sag, wann gehst du zur Schule?" fragt Gretel.

„Frühling in einem Jahr."

„Warum nicht schon im Frühjahr?" Gretel sagt Frühjahr, weil sie aus Berlin kommt und Berliner Dialekt spricht.

„Weil ich erst nach dem ersten April auf die Welt gekommen bin. Kurt darf bereits im Frühling in die Schule, weil er vor dem ersten April geboren ist."

„Und das weisst du, mein grosser Kleiner?" wundert sich Gretel und drückt meinen Kopf an ihre Brust. Ich sitze auf ihrem Schoss.

„Es ist ungerecht", sage ich.

„Was?" fragt Gretel, biegt meinen Kopf zurück und schaut mich mit ihren wasserblauen Augen an.

„Dass Kurt ein Jahr früher gehen darf als ich."

„So, das ist ungerecht?" lacht Gretel und drückt meinen Kopf noch fester an die Brust. Als sie meinen Kopf loslässt, nehme ich ihn nicht von ihrem Ausschnitt.

„Du bist mir aber einer!" tadelt Gretel liebevoll und schlingt die Arme um meinen Körper. „Und wie alt bist du jetzt?"

„Gerade fünf geworden", antworte ich in den Ausschnitt.

„Hörst du?" fragt Gretel.

„Was?"

„Die Kirchenuhr."

Ich zähle. Sie zeigt dreimal eine Viertelstunde an.

„Wieviel Uhr?"

„Viertel vor drei."

„Was, die Uhr kennst du auch schon!" ruft Gretel und reisst meinen Kopf von ihrer Brust. Und nun ganz besinnlich: „Zur Belohnung darfst du mit aufs Klo", wie sie den Abort nennt. Wir sind allein zu Haus, ausser Grossvater, der im oberen Zimmer neben der Stube liegt und bald sterben muss. Die andern sind beim Heuen; auch Grossmutter hilft diesmal mit.

Gretel hockt sich aufs Loch, während ich horche und in der Tiefe das Plätschern höre.

„Wenn du's fein für dich behältst, darfst du wieder mitkommen", lockt Gretel, die noch immer auf dem Brett sitzt, obwohl das Plätschern aufgehört hat. „Es muss ein Geheimnis bleiben, gell."

„Ja."

„Und Mutter darf nichts davon wissen, auch wenn ich wieder fort bin."

„Nein."

„Kannst du's auch wirklich für dich behalten?"

„Natürlich! Klar! Ja! Was glaubst du denn!" flüstere ich heftig, als handle es sich um etwas Verbotenes.

„Du Grosser, du!" lobt Gretel, zieht meinen Kopf, nachdem sie ihre Kleider geordnet hat, an ihren Bauch, fährt mir lange übers Haar und sagt: „So, wir müssen nach Grossvater schauen!"

Der ganzen Familie ist klar, dass Grossvater sterben wird. Er ist schon sechzig und trägt um die breite Glatze einen Kranz weisser Haare. Manchmal erhebt er sich von seinem Bett im oberen Stock, steigt langsam Schritt für Schritt die Stiege herunter und nimmt in der Küche auf höchst eigentümliche Weise etwas Flüssiges zu sich. Früher machte er noch Spaziergänge ins Dorf. Kam er längere Zeit nicht zurück, wussten alle, dass ihn der Gang in den „Hirschen" geführt hatte. Dort sass er, ohne ein Glas vor sich zu haben. Doch das war zu Beginn seiner Krankheit gewesen. Später besass er nicht mehr die Kraft dazu. Er magerte ab, und seine Hosen wehten ihm beim Gehen um die Beine.

Wenn Grossvater in der Küche etwas zu sich nimmt, greift er nach dem kleinen Trichter an der Wand neben dem Schüttstein. Der Trichter passt genau ins rote Schläuchlein, das er in der Brusttasche verborgen hält. Von uns abgewandt, giesst er warme Suppe hinein, nicht ohne vorher mit dem Zeigefinger sorgfältig die Temperatur geprüft zu haben. Wäre die Suppe nämlich zu heiss, würde er sich den Magen verbrennen. Auf dieselbe Weise nahm er im „Hirschen" den Weissen zu sich, nicht in der Gaststube, sondern draussen in der Küche.

Grossvater hat Speiseröhrenkrebs, der ihm im Hals

sitzt und aufpasst, dass keine Speise mehr durchkommt. Als Gretel die Tür öffnet, liegt Grossvater auf dem Bett mit der blaugewürfelten Decke und schaut ihr entgegen. Sie fragt ihn, ob er was brauche.

„Nichts", sagt er mit heiserer Stimme und verneint andeutungsweise mit dem Kopf. Dabei hält er seine grauen Augen, die gross aus dem abgemagerten Gesicht staunen, auf Gretel gerichtet, und mir scheint, als lächelten sie.

„Er macht es nicht mehr lange", sagt Gretel, als wir wieder unten in der Küche sind.

Meine Wissbegier, dank welcher ich mit Gretel aufs Klo darf, erstreckt sich nicht nur auf die Viertelstunden der Kirchenuhr. Seit kurzem kenne ich mich auch mit der Stubenuhr aus, dem Regulatör. Ich fand eines Tages heraus, dass jedes Strichlein, auf das der grosse Zeiger ruckartig springt, eine Minute bedeutet, während der kleine Zeiger praktisch stehenbleibt. Als ich diese Vermutung angestellt hatte, fragte ich Mutter, die im Türrahmen erschien: „Ist jetzt zehn nach fünf?" Mutter, die der Auffassung ist, man dürfe Kindern nichts beibringen, bevor sie in die Schule gehen, schaute auf die Uhr, dann auf mich und gab ein widerwilliges „Ja" von sich. Sie lobte mich nicht, aus Angst, ich könne deswegen stolz oder hochmütig werden. Darum brachte sie mir wohl auch nicht bei, wie ich weiterzählen solle, nachdem ich ihr in der Küche bis hundert vorgezählt hatte. Vater erklärte mir dann, es heisse hundert-eins, hundertzwei, hundertdrei, undsoweiter.

Als ich Gretel meine Künste auf dem Zifferblatt das erste Mal vordemonstriere, kommt sie nicht aus dem Staunen heraus, drückt mich dabei fest an sich, bückt sich und gibt mir sogar einen Kuss auf den Mund. Als ich nach der Belohnung frage, nimmt sie meine Hand und geht mit mir aufs Klo, ohne dass sie muss. Auf ihrem nackten Bauch darf ich nach dem Nabel suchen. „Aber du weisst", sagt sie liebevoll drohend. Ich weiss, es muss ein Geheimnis bleiben, denn ich begreife, dass es etwas Verbotenes ist, obwohl ich es nicht benennen kann.

Gretel ist über den „Schweizerbund" zu uns auf den Hof gekommen. Sie ist vierzehn und soll während sechs Wochen Sommerferien von Mutter herausgefuttert werden, denn in Berlin herrschen Hunger und Arbeits-losigkeit und ihr Vater geht stempeln. Es ist aber nicht so, dass man ihr die Not ansieht. Im Gegenteil, sie trägt stets ein Gesicht, als würde es von einer inneren Sonne beleuchtet. Das rotblonde Haar fasst sie hinten zusam-men. Die widerspenstigen Stirnhaare lassen sich das nicht gefallen, stehen kraus vom Kopf ab und bilden einen blonden Kranz, in welchem sich die Sonnenstrah-len verfangen.

Gretel nimmt mich nicht mehr mit aufs Klo, son-dern geht mit mir hinters Haus durch die offene

Einfahrt und setzt sich aufs frisch eingefahrene Heu. Ich drücke mich fest an ihren Leib. Mein Herz klopft im Hals. Ohne Umschweife lässt sie mich den Bauchnabel suchen. Nachdem ich ihn gefunden, verzichten meine Finger auf weitere Exkursionen und bleiben beim Nabel, um mit ihm zu spielen, was Gretel ein dauerndes Kichern entlockt. Schliesslich fordert sie mich auf, sich von ihrer Hand führen zu lassen. Als meine Finger in Haare geraten, reisse ich meine Hand erschrocken zurück.

„Hab dich nicht!" lacht Gretel. „Hast du Angst?"

„Nein", sage ich ängstlich.

„Dann darfst du nochmals suchen." Ich weigere mich, denn ich kenne jetzt das Verbotene, die Stelle mit Haaren, wo keine Haare sein dürften. Gretel aber muntert mich so liebevoll auf, ihren Nabel zu suchen, dass ich, wenn auch widerstrebend, meine Hand auf ihren flachen Bauch lege. Als sie mich führt und meine Finger wieder auf Haare stossen, zucke ich nicht mehr zurück.

„Du darfst die Haare streicheln, wenn du Mutter nichts davon sagst."

„Natürlich nicht."

Ich streichle ihre Haare, während sie meine Hand unauffällig, doch zielbewusst führt. Als ich am Ziel bin, zucke ich nicht zurück, ich wundere mich lediglich. Dabei durchflutet mich ein heisses Gefühl, von dem auch Gretel, ihrem Gesicht nach zu schliessen, ergriffen wird.

„Tust du das auch in Berlin?" will ich wissen.

„In Berlin?" Gretel schaut besinnlich. „Tun wir's manchmal im Hinterhof."

„Im Hinterhof? Ich dachte, es gebe da nur Häuser, keine Höfe?"

„Bauernhöfe natürlich nicht, aber Hinterhöfe. Das sind Plätze, um welche Häuser gebaut sind. Dort spielen die Kinder, und ihre Mütter schauen ihnen vom Küchenfenster zu."

„Dann entdecken sie euch aber."

„Du meinst beim Doktorspiel. Das tun wir doch im geheimen."

„Wo im geheimen?"

„In kleinen Schuppen oder in Zelten, die wir mit Leintüchern bauen."

„Warum heisst es Doktorspiel?"

„Darum." Gretel lässt sich rückwärts aufs rösche Heu fallen und sagt: „Ich bin krank. Du bist der Doktor und untersuchst mich. Tu's!"

Ich zögere.

„Hab dich nicht!"

Also untersuche ich Gretel und merke bald, dass sie immer an derselben Stelle krank ist. Ich untersuche sie so lange, bis sie mit weit geöffnetem Mund hastig zu atmen beginnt und „Ja" ruft. Meine Finger beeilen sich, ihre Hast nicht abbrechen zu lassen. Dann folgt ein tiefer Schnauf, dem noch ein paar ruhigere folgen, offenbar das Zeichen, dass Gretel wieder gesund ist.

Der Heuwagen nähert sich von der unteren Matte, ohne dass man ihn sehen kann. Das dumpfe Getrappel der Pferde verrät sein Näherkommen.

Von nun an beginne ich das Doktorspiel zu lieben, weil ich merke, dass Gretel es liebt, krank zu sein, um wieder gesund zu werden.

Berlin hat einen Hinterhof, der ein Platz ist, von Häusern umstanden. Berlin hat „Berliner Luft Luft Luft", die nirgendwo auf der Welt besser sein kann. In Berlin herrschen Arbeitslosigkeit und Hunger, weshalb Gretel zu uns auf den Hof gekommen ist. Unmittelbar vor Berlins Mauern – auch dessen bin ich sicher – muss der Böhmerwald liegen, „der Böhmerwald, wo meine Wiege stand". Der Inbrunst nach zu schliessen, mit der Gretel das Lied singt, kann es keinen schöneren Wald geben. Das muss wohl auch fürs Schlesierland gelten mit dieser Sehnsucht im Namen: „Oh Schlesierland, mein Heimatland", oder für den „Pfalzgraf in der Nähe am Rhein". Gretels Stimme ist hell und rein, aber so leise, als singe sie nur für sich. Berlin ist auch die Stadt mit Gretels Sprache, die zu lernen ich nicht müde werde, so dass ich mich bald nur noch im Berliner Dialekt mit Gretel unterhalte. Sie korrigiert mich stets beiläufig. So klein ich auch bin, spüre ich, dass der Ton ihres Unterrichts niemals spöttisch, sondern stets voller Zuwendung ist, so, als freue sie sich, fern von Berlin und vom Böhmerwald sich mit jemand in ihrer Muttersprache unterhalten zu können. Einmal verursache ich mit meinem Berlinerdeutsch bei Mutter einen nicht enden wollenden Lachanfall. Als Gretel einen Korb Scheiter hereingebracht hat und sie unter dem Backofen aufschichten will, wehre ich ab: „Lass nur, ich kann schon beigelen!"

Während Gretel am Brunnen das Milchgeschirr auswäscht, Kessel, Kannen und Brente, weiss ich es so einzurichten, dass ich ihr gegenüber zwischen Brunnen und Gartenzaun stehe. Mein Blick ist auf die Stelle gerichtet, wo das goldene Kettchen verschwindet. Gretels Brüste sind kleine weisse Hügel. Das Weiss scheint um so weisser, als es einen Gegensatz zum gebräunten Brustansatz bildet. Während Gretel mit der Wurzelbürste das Milchgeschirr unter dem Wasserstrahl bearbeitet, scheint sie es absichtlich so einzurichten, dass die Mehrzahl der Tropfen in meine Richtung schiessen, so dass ich allmählich nasse Hosen bekomme, da ich nicht nach hinten ausweichen kann. Im Grunde will ich das auch nicht, sondern nehme die nassen Hosen in Kauf, um meine Gretel-Beobachtungen weiterzuführen.

„Lausejunge!" lacht Gretel und lässt die Spritzer vermehrt gegen mich schiessen, wodurch sie zu verstehen gibt, dass sie den Pfeffer riecht. Dabei richtet sie ihr Augenmerk besonders eifrig aufs Geschirr, das sie der Reihe nach zum Trocknen auf die Stallbank stellt, wo es Sonne einsammelt und wieder ausstrahlt.

Ein Jahr später werde ich *Mutters* Brüste zum erstenmal zu sehen bekommen, nachdem sie mit dem Brüderchen vom Spital heimgekehrt ist. Am ersten Abend wird eine Verzweiflung über mich kommen, Verzweiflung darüber, dass weder Flasche noch Nuggi im Haus sind. Einen Abend lang liege ich Mutter deswegen in den Ohren, die mich lächelnd beschwichtigt: „Du wirst schon sehen." Meine Sorge wird schliesslich zur Panik: „Woraus soll das Brüderchen denn trinken?" Mutter lächelt unbeirrt gegen meine zunehmenden Bedenken an: „Du wirst schon sehen." Und ich sehe. Sie setzt sich mit dem Brüderchen aufs Kanapee, öffnet Knopf um Knopf ihrer Bluse und lässt mich auf dem Schemel zu ihren Füssen zur Sprachlosigkeit erstarren. Ihre Hand hebt eine lange weisse Brust mit einer grossen braunen Warze heraus. Die andere Hand setzt mit einem kleinen Ruck das Köpfchen an. Das Brüderchen trinkt und trinkt. „Siehst du." Sein Durst ist so unerschöpflich, dass Mutter auch die zweite Brust hervornimmt und sie ihm gibt. Als es satt ist, machen die Brüste keineswegs den Eindruck, leergetrunken zu sein.

Mutter versorgt ihr Geheimnis wieder in der Bluse,

hält das Brüderchen aufrecht und wartet, bis es einen Rülpser tut, worauf sie es lobt und zurück in die Wiege legt.

Obwohl ich es praktisch finde, dass Mutter die Nahrung bei sich trägt, vermag ich das Gefühl des Verbotenen nicht loszuwerden. Ich ahne, dass es mit dem Doktorspiel zu tun hat und damit, dass ich es Mutter nicht sagen darf.

Manöver

Es war Krieg, und die Soldaten schossen in der Gegend. In unserem Baumgarten rannten sie von Baum zu Baum. Ich beobachtete sie von der Hausecke aus. Einige warfen sich hin, gaben einen Schuss ab und rannten hinter den nächsten Baum. Andere schossen im Stehen; sie gaben einzelne Schüsse ab, dann wieder gab es Schüsse wie Spritzer.

Tauchten Soldaten mit weissen Armbinden auf, erklärten sie einige Soldaten für tot. Die Soldaten bewegten sich noch, lehnten am Strassenbord, redeten, rauchten eine Zigarette und warteten auf den Tod. Es gab sogar welche, die lebten so lange, dass es ihnen in die Küche reichte, wo sie bei Mutter Spiegeleier mit einem *Kaffee fertig* bestellten, dafür fünfzig Rappen bezahlten und in aller Ruhe assen. Ich fürchtete, dieser oder jener würde bereits in der Küche sterben. Verliessen sie die Küche, dachte ich, sie gehen hinaus und sind tot.

Einmal begegnete ich auf der Wenslingerstrasse einem Totentransport. Die toten Soldaten waren auf ein Lastauto verladen worden und lagen so eng nebeneinander, dass sie kaum Platz fanden. Von unten erkannte ich nur ihre blauen gebogenen Beine. Mein Entsetzen war so gross, dass es mich für Tage lähmte und ich lange nicht den Mut fand, von den vielen Toten zu erzählen.

Später erfuhr ich, dass es sich um gepackte Tornister gehandelt hatte und die Soldatenbeine gerollte Kapute waren, damals noch marineblau.

Leselust

Es trieb mich wieder ins Hühnerhaus, das von Bäumen und Sträuchern zugewachsen war. Durch Brennesseln erreichte ich die Tür. Als es noch Hühner gab, nannte man es Sauordnung, zumal die angefaulten Pfosten mit ihrem Drahtgeflecht schief in den Hühnerhof hineinhingen. Heute nenne ich den dichtbewachsenen Hühnerhof Biotop; der emsige Stieglitz auf der Distel gibt mir recht. Die meisten Pfähle sind verschwunden, und nur da und dort ist noch etwas Draht, so dass man leicht in den Hühnerhof eindringen kann und von dort durch die Fensterlöcher ins Hühnerhaus.

Ich schob den Riegel zurück, bückte mich und stand drin. Ich sah mich um und begann ziellos zu suchen, im Futtertrog, in den Legekästen. In einem fand ich noch ein Gipsei, das die Hühner zum Legen hatte animieren müssen.

Schliesslich fand ich in der Ecke unter Staub und getrocknetem Hühnermist ein zerfleddertes Buch, das ich sofort erkannte; ich hatte es unzählige Male gelesen. Immer, wenn ich lesen wollte, zog ich mich ins Hühnerhaus zurück. Dann brauchte ich, wenn mich Vater rief, keine Antwort zu geben. Das ging so lange gut, bis Vater wusste, wohin ich mich zurückzuziehen pflegte. Von da an musste ich antworten.

Die Hühner hatten sich an mich gewöhnt, auch

wenn sie auf den Stangen sassen; nur der böse Hahn damals nicht, der mir ins Gesicht flog und mich mit dem Schnabel in die Backe hackte. Zurück blieb eine kleine Narbe. Ich sass immer auf dem Harass, und es störte mich nicht, wenn die Hühnerläuse, die auf den Stangen eine Kruste bildeten, auf Haar und Schultern rieselten; sie bissen nur die Hühner. Regelmässig spritzte man die Stangen mit der Flitspritze ab, damit die Hühner wieder Ruhe hatten.

Ich blätterte im Buch, das ich am Ende der Kapitel illustriert hatte, wenn Platz vorhanden war. Das Buch unter den Arm geklemmt, verliess ich das Hühnerhaus. Das Buch sagte mir nichts mehr; auch die Hühnerhauszeit nicht. Ich beneidete mich einzig um die damalige Leselust.

Sauberes Zuhause

Wenn ich, noch im Vorschulalter, die Bilder in den Malheften nach der Vorlage mit den Stiften bemalte, wurde ich zornig, wenn der grüne Farbstift in den Weg hineinfuhr und dadurch das schöne Bild verpfuschte. Auf den sauber in die Matten hineingelegten Wegen fuhren die Kinder auf Dreiradvelos oder in Kinderautos. Ich konnte mir nicht vorstellen, dass es, ausser im Malbuch, irgendwo anders so saubere Wege und Wiesen geben könnte mit einem ebenso sauberen Haus darauf, in welchem die Kinder wohnten. Ich wohnte in einem alten Bauernhaus, und die Wege drum herum waren dreckig. Nach jedem Regen waren sie so aufgeweicht, dass Mutter Kartoffelsäcke auslegen musste, wenn gerade der Doktor kam. Der parkierte sein Auto an der Staatsstrasse und hüpfte in zierlichen Sprüngen von Sack zu Sack, ohne seine Glacéhalbschuhe zu beschmutzen. Darum konnte ich mich nicht sattsehen an den vorgemalten Bildern, auf denen keine Spur von Dreck zu sehen war. Mein grösster Wunsch war, einmal auf einem Dreirad auf solch sauberen Wegen fahren und im Haus, das am Weg stand, wohnen zu dürfen.

Als ich später unsere Tochter auf einem Dreirad durch die Atriumsiedlung fahren sah, wurde mir plötzlich bewusst, dass sich mein inniger Kindheitswunsch erfüllt hatte, so dass ich über die Sauberkeit der Wege

und den sauber geschnittenen Rasen ein wenig erschrak. Auch hatte ich das Gefühl, dass ich, ohne es zu
wissen, all die Zeit darauf hingearbeitet hatte, das
Vorlagebild im Malbuch zu erreichen. Nun hatte ich es
und bereute es nicht. Ich fühlte mich wohl in dieser
Sauberkeit und fuhr an Sonntagen oder in den Ferien
nur ungern auf den Hof zurück, wo sich unser Kind
wohler fühlte als in seinem sauberen Zuhause.

Ein Blatt Papier

Du warst ein stilles Kind, erzählte mir Muttei. Ganze Nachmittage lang konntest du dich im Wägelchen mit einem Stück Papier verweilen, während ich am Webstuhl stand. Bis mir Doktor Thommen erklärte: „Der ist ja rachitisch! Jetzt machst du eine Rechnung weniger auf und gehst mit ihm an die Sonne, damit er gehen lernt."

Mit achtzehn Monaten machte ich schliesslich die ersten Schritte und ging. Ich gehe heute noch und lege täglich meine Kilometer zurück, als müsse ich jenes verpasste halbe Jahr nachholen. Und auch das ist mir geblieben: still an einem Tisch sitzen und mich nachmittagelang mit einem Blatt Papier verweilen.